Marilia Carneiro

NO CAMARIM DAS OITO

Marilia Carneiro   Carla Mühlhaus

Marilia Carneiro
NO CAMARIM DAS OITO

Copyright © Marilia Carneiro e Carla Mühlhaus

Produção Editorial
CHRISTINE DIEGUEZ

Capa e Projeto Gráfico
VICTOR BURTON

Assistente de Design
ANGELO ALLEVATO BOTTINO

Revisão
ITALA MADUELL

Fotos
TV Globo / CEDOC
(Arley Alves, Bazilio Calazans, Câmara Três,
Geanne Carvalho, João Miguel Junior, Jorge Baumann,
Nelson Di Rago e Renato Rocha Miranda)

For All, Villa-Lobos, uma vida de paixão
e Xangô de Baker Street
(Zeca Guimarães)

Fotos da página 2
MARCELO JESUÍNO

AEROPLANO EDITORA E CONSULTORIA LTDA.
Av. Ataulfo de Paiva 658 / sala 402
Leblon — Rio de Janeiro — RJ
CEP 22440-030
Tel.: (21) 2529-6974
Telefax: (21) 2239-7399
aeroplano@aeroplanoeditora.com.br
www.aeroplanoeditora.com.br

**ADMINISTRAÇÃO REGIONAL DO SENAC
NO RIO DE JANEIRO**

Presidente do Conselho Regional
ORLANDO SANTOS DINIZ

Diretor do Departamento Regional
DÉCIO ZANIRATO JUNIOR

Editor
JOSÉ CARLOS DE SOUZA JÚNIOR

Coordenação de Prospecção Editorial
MARIANNA TEIXEIRA SOARES

Coordenação de Produção Editorial
ELVIRA CARDOSO

EDITORA SENAC RIO
Avenida Franklin Roosevelt 126 / 6° andar
Castelo — Rio de Janeiro — RJ
CEP 20021-120
Tel.: (21) 2240-2045
Fax: (21) 2240-9656
editora@rj.senac.br

Apoio
H. STERN
BITUCHA ROQUETTE PINTO

Agradecimentos
CLARINHA LANDOLFI
(TV Globo / CEDOC)

As autoras e as editoras agradecem a todos aqueles que, direta ou indiretamente, colaboraram para que este livro fosse viabilizado. Em especial aos atores e atrizes que cederam suas imagens gratuitamente e aos fotógrafos, maquiadores e técnicos que também compreenderam a importância deste registro histórico e cederam as fotos gratuitamente para esta obra.

As editoras agradecem ainda às famílias dos profissionais falecidos e comunicam que todos os esforços foram envidados para a localização de seus herdeiros e obtenção das autorizações formais necessárias à cessão das imagens. Sem estas valiosas contribuições este projeto não teria sido possível.

Todos os recursos foram empenhados para identificar e obter as autorizações dos fotógrafos e seus retratados. Qualquer falha nesta obtenção terá ocorrido por total desinformação ou por erro de identificação do próprio contato. As editoras estão à disposição para corrigir e conceder os créditos aos verdadeiros titulares.

Para Zelinda Lee, que me ensinou quase tudo.

O Senac Rio comemora, com esta publicação, mais uma iniciativa no promissor mercado da moda – segmento que anda de mãos dadas com a arte e a comunicação, mantendo-se estreitamente vinculado à mídia. Trata-se de um projeto que contribui significativamente para o enriquecimento do trabalho desenvolvido pelo Centro de Moda do Senac Rio, destinado a todos os que se interessam em vestir personagens de TV, cinema e teatro. Esses profissionais em formação dispõem agora do estimulante relato de uma figurinista com mais de trinta anos de experiência e cuja biografia se confunde com a própria profissionalização da categoria. Marilia Carneiro, figurinista da TV Globo desde os anos 1970, reconhecida por sua larga atuação no campo da produção teatral e cinematográfica brasileira, conta em detalhes e com muito bom humor o que é, afinal, ser figurinista.

Além de instruir-se sobre o funcionamento de todo o processo de criação de um figurino – da leitura do roteiro até a maquiagem do ator, passando por orçamentos de aquisição de roupas e tratamentos de tecidos –, o leitor irá divertir-se com os segredos dessa profissão e suas histórias de bastidores, muitas das quais protagonizadas por nomes famosos. Longe de ser um guia ou manual, este livro também agradará àqueles que, mesmo não sendo da área, apreciam uma boa narrativa e, sobretudo, recordações de um período significativo da produção artística nacional.

Aos parceiros, nosso profundo agradecimento. A todos, uma proveitosa e agradável leitura!

MARILDA VENDRAME
Centro de Moda do Senac Rio

Publicar *Marilia Carneiro no Camarim das Oito* foi mais do que um prazer (se bem que este foi enorme), foi um compromisso saldado com a história da mídia brasileira.

Com 28 novelas da TV Globo na bagagem, além de algumas minisséries e muitos filmes, a figurinista Marilia Carneiro marca sua presença no nosso cotidiano há quase 30 anos, comandando uma verdadeira revolução do figurino. Coincidentemente, foi nesse mesmo período que a história da televisão brasileira foi escrita.

As recordações desta revolução estão no livro *Marilia Carneiro no Camarim das Oito*. Como já diz o título, no livro há espaço também para a vida dos bastidores e os tropeços no camarim. É onde Marilia conta como é caracterizar e vestir não só pessoas, mas também humores e estados de alma. Vestir um personagem é um pouco construí-lo. Com isso concordam Gilberto Braga, Antonio Fagundes, Sonia Braga, Marco Nanini, Daniel Filho, Gloria Perez, Marilia Pêra, Regina Duarte e muitos outros. Seus depoimentos, distribuídos por todo o livro, falam da amiga Marilia e dos erros e acertos da profissão. Por outro lado, sua vivência da produção no cinema, teatro e televisão fazem desta obra mais que um livro sobre a arte do figurino. Sobretudo, narra com humor e precisão aspectos nunca revelados da história da televisão e da cultura brasileira. É espaçoso e animado o camarim das oito.

HELOISA BUARQUE
Aeroplano Editora

APRESENTAÇÃO
A nossa doce Edith Head
p **11**

Um dia no Projac com Marilia
p **15**

1
Uma carreira movida a paixão
p **23**
Ditando tendências

2
A revolução do figurino
p **43**
Figurino também é caracterização

3
A novela
p **63**
A sinopse, o começo de tudo
O I Ching de Daniel Filho
Olho clínico
Novela é obra aberta
O produtor, o financista, o RP e o antenado
A hora melancólica

4

Segredos de camarim
p **95**

A hora nervosa

O meu navio

O caso Garibaldo

5

A minissérie, o seriado e o humor
p **117**

A franja da Malu

O figurino de época

Nos tempos da TV Pirata

6

Cinema e teatro também têm figurino
p **157**

7

Arremate
p **183**

Obra completa (ou quase)
p **187**

Maria Lucia Dahl e
Marilia Carneiro (1958)
Foto: Denis Albanese

Marilia Carneiro

A Nossa Doce Edith Head

JULIO REGO

Marilia e eu somos amigos de uma vida inteira. Nossos pais já eram amigos, ambos banqueiros, ricos e alegres como as nossas mães. Passávamos os verões em Petrópolis com elas. Nossos pais, os "cigarras", subiam a Serra só nos fins de semana. Éramos vizinhos no edifício Don Affonso, antiga Rua Cruzeiro, 106, hoje Rua Nelson de Sá Earp. Naqueles tempos Petrópolis era o máximo. Eu, minha irmã Célia, Marilia e Maria Lúcia, pequeninos, andávamos de charrete de bode na Praça da Liberdade. Todos lindos, bem-arrumados e felizes, acompanhados de babás impecáveis em seus uniformes. Andávamos de patins no rinque Marowil, dos irmãos gêmeos Queiroz. Eu não me lembrava, mas Marilia recentemente me disse que eu também a levava à bucólica Avenida Ipiranga. O plano era fazê-la sentir medo em frente à casa mal-assombrada, hoje centro cultural Casa de Petrópolis. Parece que ela ficou um bom tempo com este trauma.

Mas a vida mudou e de repente, sem mais nem menos, nos vimos pobres. Nossos pais morreram cedo e todos tivemos que ir à luta. Ela foi trabalhar na Elle et Lui, depois abriu uma loja em Ipanema, com roupas e acessórios do maior bom gosto. A vida caminhava, então. A nossa geração, que vivia entre o Country, o verão na Serra e incontáveis festinhas, ficou quase toda no vermelho. Maria Lúcia, sua lindíssima irmã, também abriu uma loja junto com nossa amiga Sonia Ramalho. Era a Condotti, em Copacabana. Vendiam biquínis na Barata Ribeiro, quase esquina de Anita Garibaldi.

Marilia Carneiro (1944)
Foto: Arquivo de família

Marilia Carneiro (centro) e Julio Rego (à esquerda) (1945)
Foto: Arquivo de família

Marilia Carneiro

Depois viajaram pelo mundo, casaram, tiveram filhas. E Marilia começou uma brilhante carreira de figurinista na TV Globo, onde continua até hoje. São quase 30 anos do mais apurado bom gosto. Seu último trabalho, em *Celebridade*, não me deixa mentir.

Eu acabei seguindo uma carreira parecida. Primeiro entrei no mercado de capitais para seguir os passos do meu pai mas felizmente, depois de anos de análise, descobri que não queria nada disso. Fui então trabalhar na *Vogue*, na Casa Alberto e na TV Globo. Tornei-me *fashion adviser* da moda masculina do jornalismo, título pomposo que ganhei de Zózimo. É lá que tento seguir os passos de Marilia, minha mestra querida.

Nossas afinidades vão além de Petrópolis e do gosto pelo bem-vestir. Ambos somos autodidatas e tivemos uma educação parecida. O pai de Marilia, Mario Pinto, era um homem elegante, charmoso, inteligente e muito bonito. Eu me lembro de tio Mario nos jardins do Country, sempre chiquérrimo. Sua mãe, Regina, vivia cercada de objetos de arte, pois era filha de Gastão Penalva, um grande colecionador da época. E que jóias!

Não tivemos culpa de ficarmos pobres, enfim. *C'est la vie*! Mas *la vie continue*! Marilia passou por momentos difíceis e tristes na sua vida mas é inteligente e lutadora, chique como poucas. Sua elegância está no sangue, ela não precisa aprender mais nada. É a nº 1 da equipe de figurinos da TV Globo, a Edith Head brasileira. Com a diferença (e injustiça) de nunca ter trabalhado com Hitchcock ou ganhado um Oscar. Mas com uma grande vantagem: o temperamento da Marilia não lembra em nada o da estilista americana, que colecionou rancores no meio artístico até a sua morte, em 1981. A nossa Marilia é bom-papo, boa amiga e jogadora exímia de bridge. É um privilégio conviver com ela. Aproveitem!

Marilia Carneiro
(Projac, 2002)
Foto: Bruno Veiga

Marilia Carneiro

Um Dia no Projac com Marilia

INT. AUTOMÓVEL – DIA

No banco do carona, levada pelo motorista, MARILIA CARNEIRO segue para o trabalho de óculos escuros e falando ao celular. Uma perna está dobrada em cima da outra, o que evidencia o seu tênis. Um moletom jogado nos ombros compõe o visual esportivo.

LEGENDA: 10h30m

MARILIA Rô, querida, estou saindo agora do paraíso da Gávea pra me juntar a vocês e queria saber como estão as coisas. Quem está na externa e quem está no estúdio? ... Tá. E Vera, já experimentou o vestido? Não? Bom, então que Alá nos proteja, né? Daqui a pouquinho estou aí, um beijo.

Marilia olha para o motorista, um jovem tímido com óculos de grau.

MARILIA Carlos, você tem algum amigo padre? Você sabe se padre usa batina quando vai a uma festa?

Carlos olha desconfiado para Marilia e faz cara de "não sei".

INT. PROJAC / ESTÚDIO 6 – DIA

O corredor que separa os camarins masculino e feminino está cheio de atrizes que se abraçam, falam alto e conversam animadamente, enquanto esperam para entrar na sala de maquiagem. Marilia cumprimenta a todos com intimidade e pára para conversar também.

LEGENDA: 11h15m
A atriz Cissa Guimarães se aproxima.

CISSA GUIMARÃES Marilia, minha amiga, eu preciso de um vestido novo! Como é que eu vou sair com o meu namorado novo de roupa velha? Por favor, vai?

MARILIA Eu já mandei comprar um pretinho básico, meu amor. Está penduradinho lá no camarim, esperando por você...

INT. CAMARIM FEMININO – DIA
A sala não é das mais espaçosas. Logo na entrada está uma arara onde ficam pendurados os figurinos que serão usados nas gravações do dia. Dois espelhos grandes de corpo inteiro e um banheiro completam a infra-estrutura. A morena ROSA, uma das camareiras, está sentada num canto fumando um cigarro, enquanto sua colega passa a ferro uma camisola vermelha. Marilia entra na sala ainda com a bolsa a tiracolo.

LEGENDA: 12h
MARILIA Rosa, por favor, me diz que tem um vestidinho preto pendurado aqui. Acabei de falar isso para a Cissa. Se ele não estiver aqui ela me mata, não mata?

ROSA Está aí sim, irmã. Passado e tudo.

Rosa levanta e vai até a arara mostrar o vestido, compenetrada.

ROSA Ela tem que entender que a personagem dela não tá num momento de comprar roupa nova. Então o filho dela tá lá todo drogado e sofrendo e ela pensando em vestidinho novo?

Marilia olha para Rosa e sorri.

MARILIA Rosa, ninguém aqui entende melhor de dramaturgia do que você.

INT. SALA DA MARILIA – DIA

A sala é grande e uma das poucas do Projac com abajur, toque pessoal da decoração de Marilia. O ambiente também tem tapete e um sofá coberto com uma manta, saída encontrada por ela para esconder o estampado original. Há ainda uma arara abarrotada de roupas e adereços, um manequim e vários painéis com fotos e recortes de revistas. Ao fundo, um provador com cortina dá ao ambiente um ar engraçado de butique. Mesas de trabalho são só duas, apesar de a equipe de figurino contar com seis assistentes. A gaúcha Rô Gonçalves, braço direito de Marilia, está sentada numa delas, ao telefone. Morena, usa os cabelos presos no alto da cabeça e roupas da moda, aparentando ter pouco mais de 30 anos.

LEGENDA: 12h30m

Marilia entra e segue direto para sua mesa, onde está uma pequena pilha de papéis. Ela pega estes papéis nas mãos.

MARILIA (falando sozinha) Minha Santa Teresinha de Lisieux, eu tenho que acabar de ler estes capítulos hoje, sem falta.

Rô desliga o telefone.

RÔ (com sotaque sulista) Ai, Marilia, que bom que você chegou. A Claudia já esteve aqui perguntando como é que vai ser a roupa das gueixas para a gravação de amanhã.

MARILIA Como é mesmo a cena?

RÔ São elas dançando num restaurante, é coisa rápida. Mas precisam estar caracterizadas como gueixas e ter liberdade de movimentos pra dançar.

MARILIA Isso tudo para elas aparecerem um minuto no máximo, né?

Marilia olha para a televisão da sala, que exibe um clipe de Madonna. A *pop star* está vestida de gueixa estilizada, de cabelos lisos e pretos como os de uma oriental.

MARILIA Foi a Claudia quem trouxe essa fita? É bom isso, essa roupa deve ser do Valentino. Essa maquiagem também é um show, vou já chamar o maquiador para ver!

Marilia recoloca os capítulos na mesa e sai.

INT. PROJAC / ESTÚDIO 6 – DIA
Marilia desce um lance de escadas para chegar ao corredor. Lá, encontra por acaso o diretor da novela. Marilia sorri para ele, divertida.

MARILIA Jayme, queridíssimo, o nosso padre vai à festa de batina ou à paisana? O que você tinha imaginado?

INT. SALA DA MARILIA – DIA
Carla, uma das assistentes mais jovens de Marilia, fala ao telefone.

LEGENDA: 15h
CARLA Eu sei, tia, mas era só para perguntar para o Padre Gustavo como ele vai vestido às festas. Tudo bem então, um beijo.

Carla olha para Marilia, que entra na sala.

CARLA Marilia, acabei de descobrir que aquele padre amigo da minha família não vai a festas nunca.

MARILIA (rindo) Anti-social, ele, não? Mas eu já resolvi tudinho agora com o Jayme. O padre vai de terno mesmo. E as gueixas vão ser simplérrimas como a Madonna, pronto, amém.

Carla ri.

O clipe de Madonna continua passando na TV.
Marilia, segurando alguns capítulos, senta de pernas cruzadas sobre o sofá. Seu par de tênis está no chão. Entra na sala um funcionário da Globo, que caminha até ela e lhe entrega mais um bloco de capítulos.

MARILIA Mais? Mas eu nem passei do 204 ainda!

Antonio, outro integrante da equipe, aparece na porta da sala.

ANTONIO Marilia, aquela sua amiga de Cabo Frio chegou, está esperando na recepção com mais uma pessoa.

MARILIA (para Antonio) Você acredita que essa criatura veio de Cabo Frio pra me pedir dicas de vestido de noiva? Eu tenho que receber, não tenho?

Marilia deixa os capítulos no sofá e sai.

INT. PROJAC / GUARDA-ROUPA – DIA
Marilia e suas amigas caminham por araras cheias de roupas e identificadas com os nomes dos personagens da novela.

MARILIA Aqui mora a Maysa, ela é a mais espaçosa de todas. Aqui mora a Mel, que tem incontáveis camisetas. E aqui mora o Lucas, ao lado do Leo.

AMIGA Nossa, deve ser uma delícia ficar aqui bolando isso tudo! Você desenha cada detalhe?

MARILIA (irônica) Ah, claro, sempre que dá tempo... Vamos ver as noivas agora? Eu ainda preciso comer alguma coisa. Depois vocês querem ver o cavalo voar?

Marilia Carneiro

EXT. CIDADE CENOGRÁFICA – DIA
Marilia e suas amigas assistem à gravação de cenas finais da novela num cenário que reproduz as ruelas de Fez, no Marrocos. Junto com elas estão outros visitantes do Projac. O burburinho atrapalha o trabalho da assistente de direção.

LEGENDA: 17h
ASSISTENTE (para a turma do barulho) Gente, por favor, eu sei que hoje é o último dia mas vamos acabar isso com seriedade, silêncio no *set*!

Marilia conversa baixinho com as amigas.

ASSISTENTE (rindo) Você também, Marilia? Vou contar para o Jayme, hein?

A equipe grava a cena. Um casal apaixonado foge num cavalo branco, enquanto a família corre atrás deles, incrédula. A cena sugere que o cavalo levanta vôo.

INT. PROJAC / ESTÚDIO 6 – NOITE
Marilia sobe as escadas que levam até a sua sala. Quando abre a porta, vê Angela, outra assistente, vestida com uma roupa de dança do ventre.

LEGENDA: 19h
ANGELA Tá aprovado?

MARILIA Tá ótimo.

Semicerrando olhos, Marilia observa uma roupa produzida no manequim da sala.

MARILIA Só que o meu olhar de fotógrafa aqui tá dizendo que esse vermelho vai sobrar, acho melhor tirar esse lenço, viu gente? E Vera, experimentou o vestido?

RÔ Ainda não.

MARILIA Então Alá vai ficar cansado, coitado. Alguém viu meus capítulos?

INT. AUTOMÓVEL – NOITE
Marilia está no carro com Carlos, Rô e Angela. Estão parados no trânsito da Barra da Tijuca.

LEGENDA: 20h
MARILIA Carlos, padre pode ir a festa sem batina, viu? Pelo menos o nosso pode.

Marilia Carneiro (1954)

1
Uma Carreira Movida a Paixão

Uma adolescente hoje acharia isso uma piada. Nos meus 14 anos, tudo o que eu queria da vida era um tubinho preto e um colar de pérolas para sair à noite. Minha mãe, é claro, achava um absurdo uma menina se vestir assim. Por isso eu deixava para arrematar o visual no espelho da portaria, cúmplice do *silver touch* que ia para o cabelo e só chegava em casa depois da meia-noite, despercebido. Naquela época, como toda jovem, eu ainda não sabia o que queria ser. Mas já passava horas na sala desenhando roupas, o que me fazia pensar que eu gostava mesmo era de moda.

No fim dos anos 60, depois de deixar o Jornalismo da PUC, fazer História da Arte na França e trabalhar em algumas lojas cariocas, resolvi abrir uma butique em Ipanema. Estávamos em pleno 1968 e o sonho do pretinho com colar de pérolas da adolescência passada no Country trocara de roupa com os *hippies*, em pleno turbilhão cultural do Cinema Novo. Cinema era mais importante do que tudo, o que não era cinema era bobagem. O que não queria dizer que eu tivesse lá muita idéia do que estava fazendo. A intenção, na verdade, era evitar a caretice a todo custo. Isso sim era um compromisso.

Casada com o cineasta Mario Carneiro, eu respirava cinema dentro de casa desde 1962 – já havia inclusive trabalhado como atriz, em *Capitu*. Também já fazia análise há cinco anos, o que talvez tenha me empurrado a questionar tudo o que aparecia na minha frente – até mesmo um casamento feliz. A idéia era experimentar a vida lá fora.

Modelos exibem roupas da butique Truc (1971)
Foto: Heloisa Buarque

Marilia Carneiro

Queria sair da redoma de vidro, primeiro proporcionada pelo meu pai e depois pelo meu marido. Estava a fim de ver como era esse negócio de criar os filhos e trabalhar para pagar as contas. Isso me dava mais barato do que ir às passeatas. Achava chiquérrimo pagar as contas. Apesar de filha de banqueiro e criada para fazer gracinha no salão, eu começava a fazer parte da geração "pra frente" revivida, anos depois, por Regina Duarte em *Malu mulher*. Comprar lâmpadas, por exemplo, foi uma grande descoberta. Até então, educada para ser um poodle, eu achava que elas já vinham junto com a casa. As primeiras compras de supermercado, é claro, também foram um choque. O susto com a minha mudança de posto também foi garantido para as pessoas próximas, mesmo o então ex-marido Mario Carneiro, um intelectual. Quando me viu na Elle et Lui fazendo bainha na calça da Aná Chagas, figura importante da Embaixada francesa, quase enfartou.

Minha butique, a Truc, instalada numa casa na Barão da Torre, fez um enorme sucesso logo depois de inaugurada. Eu fazia o eixo Rio-Londres-Paris e elaborava vitrines caprichadas. Os manequins reproduziam cenas bem realistas e certa vez, quando coloquei um deles pulando pela janela, a ditadura mandou tirar. Devia ser muito subversivo pular pela janela. Do lado de dentro, a vanguarda das vanguardas: Kings Road, Mary Quant, Viviane Westwood. Num tempo em que os filmes chegavam ao Brasil dois anos depois de lançados na Europa e a revista *Elle* era o que havia de consulta disponível para os interessados em moda, era de se esperar mesmo fila na porta. Estávamos no auge dos Beatles e da minissaia e a sede por novidades era grande.

> "*Lembro-me perfeitamente de ter comprado uma calça pink na loja da Marilia. Naquela época era uma ousadia sem tamanho. Eu tinha paixão por aquela calça de brim cor-de-rosa com bolsos de jeans. Usei anos e anos a fio.*"
>
> Julio Rego

Várias atrizes da Globo viraram minhas freguesas. Dina Sfat era uma delas. Foi ela quem, anos depois, me tirou de um grande sufoco.

Sônia Clara, Therezinha Sodré e Georgia Gomide
(Anos rebeldes)

Essa era a praia do meu tempo.

Dina Sfat

(Os ossos do barão)

Eu mesma não posso acreditar que as noivas de 70 eram assim.

Marilia Carneiro

É que se o meu tino para a moda era bom, para os negócios era péssimo. Perdi dinheiro por dois anos, fechei a Truc, fui trabalhar em outras lojas e, de repente, em 1973, a barra pesou. Lembrei-me de quando eu era uma menina do Colégio Sion e achava lindo o sofrimento que via nos filmes, quando a heroína batia a porta do quarto e se atirava na cama, aos prantos. "Mãe, quando eu crescer também vou sofrer?", eu perguntava. Ela me garantia que sim, que eu não me preocupasse.

Em 1973 eu sofria. O casamento estava desfeito, a loja quebrada e eu não tinha mais pai nem mãe para perguntar qualquer coisa que fosse. Ah, sim, e estava totalmente descapitalizada. Passei a ser, de um dia para o outro, na definição brilhante de um amigo, um exemplo do *nouveau-pauvre*, ou seja, o inverso do *nouveau-riche*.

Foi nessa brecha que a Globo entrou na minha vida. Convidada para fazer uma novela, Dina Sfat, musa do Cinema Novo, pediu para ser vestida por mim. Veio então o convite do Daniel Filho, que me ligou e perguntou quanto eu queria ganhar por este trabalho. Quando eu respondi, pedindo três vezes mais do que eu ganhava na época, ficou indignado: "Você ficou louca? Está pensando que é a Elizabeth Taylor?" Mas eu não tinha procurado ninguém, ora bolas. Eram eles, afinal, que estavam precisando de mim. E, para a minha própria surpresa, a ousadia colou e a proposta foi aceita. A novela era *Os ossos do barão*.

> *"A Dina Sfat não queria muito fazer* Os ossos do barão. *Mas como a personagem tinha o charme do bem-vestir e da elegância, acabou topando. Conversou comigo e disse que a Globo precisava contratar uma pessoa de bom gosto e que entendesse de moda, porque as roupas usadas então pelos atores eram fracas. Eu concordei com ela. Daí fui apresentado à Marilia, que mudou esse quadro completamente."*
> Daniel Filho

Lá fui eu vestir uma novela inteirinha. Logo eu, que nunca tinha *visto* uma. Marieta em *O rato*? Não vi. Leila em *Sheik de Agadir*? Não vi. *Beto Rockfeller*? Não vi. Era feio ver televisão. Naquela época, os intelec-

Gracindo Junior, José Augusto Branco e José Wilker (Os ossos do barão)

Carmem Silva e Paulo Gracindo (Os ossos do barão)

tuais preferiam rir dos caretas no Zepellin. O pacote do sonho da casa no campo, discos e nada mais não incluía a televisão. Com a Revolução, além do mais, não sobrava tempo para a telinha. No entanto, ironia do destino, eu passaria a fazer dela profissão. Não conhecia o Boni e mal tinha ouvido falar do tal casal Tarcísio Meira e Glória Menezes. Já o Walter Clark eu conhecia, era aquele cara do Antonio's.

A novela era só um texto e um punhado de atores mas, de repente, me vi diante do meu caderno de desenho de novo. E eu podia tudo. Era só desenhar e os personagens apareciam: bonitos, feios, glamourosos, pobres, ricos. Fui fazendo e, quando me dei conta, eles já se mexiam. Lá estavam eles, penteados e vestidos do jeito que eu queria e imaginava nas longas noites de insônia. Álbuns de família e muito Hollywood eram companheiros nas horas mágicas em que era possível sair de si e se embrenhar pela vida de todos aqueles personagens maravilhosos. Eu convivia diariamente com a Melica e o seu marido ranzinza, Antenor, papéis de Carmem Silva e Paulo Gracindo. Como a história tratava da sociedade paulistana, indo da aristocracia rural decadente ao imigrante que se tornou um rico industrial, nos inspiramos até mesmo em políticos como Washington Luís. A cor engatinhava.

O elenco de *Os ossos do barão*, com grandes atores como Lima Duarte, Dina Sfat e Renata Sorrah, era moderno. O que não liberava os biquínis de pelo menos quatro dedos de largura nas laterais, é claro. Depois descobri que o vestido azul claro da Renata Sorrah podia voar. O seu cabelo louro também. Era lindo e dava vontade de chorar. Era de esquecer as noites em claro, pra baixo e pra cima na oficina de costura da Globo. A realização, na companhia da costureira fiel, tinha o gosto da caipirinha de limão do único bar aberto em toda a madrugada do Jardim Botânico.

Veio então a primeira viagem a trabalho. Encarei como um grande acontecimento, já que tinha passado a vida inteira vendo os meus homens viajarem. Iam fazer cinema, coisa séria. Era proibido reclamar: afinal isso era mais importante do que sentir saudades, deixar filho pequeno e tremer de insegurança. Por isso, quando fui a São Paulo pela primeira vez a trabalho, tinha uma sensação cívica na boca. Finalmente eu ia ver como era essa tal vida de homem.

Milton Morais

e Betty Faria

(O espião)

Ziembinski e

Bete Mendes

(O rebu)

Tenho orgulho do Rebu, porque realmente ere vanguarde.

Marilia Carneiro

Ela era dormir em hotel, ter medo do desconhecido e acordar antes do sono acabar. Também era irreversível. Os anos 70 já haviam chegado, a Guerra Fria também, e, no meu *métier*, televisão era o fim da picada. No entanto ela não só me sustentava como me comovia e me encantava totalmente. Durma-se com um barulho desses.

Enquanto a imprensa me elogiava, algumas pessoas me criticavam por comprar tecidos caros e roupas de butique. Compradas, aliás, com os meus próprios cheques. Tocado ainda de um jeito caseiro, o Setor de Figurino tinha a sua verba depositada diretamente na minha conta pessoal. De repente, virei cliente VIP na minha agência e vivia às voltas com extratos, notas e recibos. Quando gastava demais, levava bronca do Daniel Filho: "Você está usando esse dinheiro como se fosse o cartão de crédito do papai!".

Fazia algum sentido. Fora do meu pai e não da minha mãe, aliás, que eu herdara o gosto por roupas. Minha mãe, com uma beleza natural de parar o trânsito, se contentava com a sua coleção de jóias, enquanto meu pai tinha verdadeira mania por roupas.

> *"O bom gosto da Marilia é nato. Ela tinha um pai super elegante e cresceu numa casa repleta de antigüidades. Parte do mobiliário da casa de veraneio em Petrópolis, por exemplo, foi doada para o Museu Imperial. Ela mesma conta que antes de ir à escola já sabia diferenciar um prato brasonado do Barão de Tefé de outro do Barão de Miranda. A elegância nela é genética."*
>
> Julio Rego

Foi também pelo meu pai que fiz o primeiro grande gesto de figurinista na vida, antes mesmo de saber que essa profissão existia. Era réveillon de 1966 e estava tudo pronto para a tradicional festa que ele promovia todos os anos, no nosso apartamento da Avenida Atlântica. O coquetel de champanhe rosa nunca mais me saiu da cabeça, naquela taça aberta que levava pedrinhas de açúcar da Confeitaria Colombo.

Neste dia que era para ser festivo, papai morreu às cinco horas da tarde. Trataram logo de enfiar um terno nele e, quando vi aquilo, pedi para ti-

Dina Sfat (Saramandaia)

rar. Era só o que me faltava deixar aquele homem, o primeiro a trazer o jeans para o Brasil, ficar exposto de terno e gravata. Não tinha nada a ver com ele, pura vanguarda que era. Por isso disse que ele ia ser enterrado de jeans, camiseta de fio de Escócia listrada de azul e branco e alpargatas azuis nos pés. Era assim que ele ia ao Country, era assim que ele iria embora. Minha mãe e minha irmã não se opuseram e o meu pedido foi prontamente atendido. Eu havia tomado o comando daquela cena triste. Foi o meu primeiro figurino.

"A Dina Sfat me falou da Marilia porque sabia que ela era uma pessoa com formação e cultura suficientes para vestir uma pessoa com bom gosto e estilo. O que vem primeiro nela, aliás, é um extremado bom gosto."

Daniel Filho

Na hora do aperto, foi esta irreverência elegante do meu pai que segurou as minhas pontas. Arregacei as mangas e fui parar em várias novelas brasileiras famosas.

Depois de *Os ossos do barão* vieram *O rebu, O espigão, Gabriela, Saramandaia, Dancin'Days, Malu mulher, Anos rebeldes, Pátria minha, Mulher, Andando nas nuvens, Labirinto*... De uma certa forma, fui me especializando em figurinos de novelas urbanas.

DITANDO TENDÊNCIAS

Os ossos do barão era a segunda novela em cores da televisão brasileira e ninguém sabia ainda direito como aquelas tais cores funcionavam no vídeo. Fomos todos aprendendo aos poucos e ao mesmo tempo. A própria profissão de figurinista ia crescendo junto comigo, na base do acerto-e-erro. Graças a Deus e à Santa Teresinha de Lisieux, foram mais acertos do que erros. Além de aprender que o figurinista é um profissional que veste o personagem de acordo com o seu estado de alma, o roteiro e o tipo físico do ator, estava aprendendo também a criar tendências.

Sonia Braga

(Dancin`Days)

Infelizmente a famosa meia de lurex foi cortada da foto. Era assim:

Marilia Carneiro

"Profissionalmente houve uma troca entre nós dois, nós cresce-mos um pouco juntos também."

Daniel Filho

Os desenhos que eu fazia dos personagens incluíam desde as bijuterias ou jóias que seriam usadas até a forma de pentear os cabelos, passando também por acessórios. Em 1974, na novela *O rebu*, de Bráulio Pedroso, fiz o cabelo de Bete Mendes curtíssimo e grudado na cabeça com gomalina, numa época em que as mulheres ainda usavam longas cabeleiras. O corte pegou. Quem registra é Ruy Castro, na página 241 de *Ela é carioca*: "*O rebu* fez com que os cabeleireiros subitamente tivessem de mandar afiar as tesouras. E faltou gomalina na praça".

Dancin'Days talvez seja, até hoje, o melhor exemplo de novela que criou estilo. Quando a Júlia Matos de Sonia Braga se produziu com meias de lurex listradas, maquiagem *glitter* e um ousadíssimo *jogging* vermelho, o visual das discotecas mudou.

"Na época da novela fui a uma festa e simplesmente todas as mulheres estavam vestidas de Júlia Matos."

Sonia Braga

Mas é claro que, antes da febre, veio a polêmica:

"Por causa da famosa cena de Dancin'Days, *quando Júlia Matos volta da Europa, fomos muito criticadas pelas atrizes mais conservadoras e algumas pessoas do high society. Elas ficaram indignadas porque acharam que a Júlia tinha que ser 'chique paetê' e não poderia usar de jeito nenhum aquele macacão. A cena da transformação (de ex-presidiária a sensação da alta sociedade) foi toda elaborada na casa do Daniel Filho. Era assim que a gente trabalhava na época, era quase que uma coisa independente e muito caseira. Era a Globo antes do crachá!"*

Sonia Braga

Vera Fischer (Brilhante)

Marilia Carneiro

Foi assim, deste modo caseiro, que *Dancin'Days* conquistou uma classe de telespectadores que ainda não tinha assumido as novelas. Isso graças ao Gilberto Braga, que, num momento iluminado, soube retratar o mundo do *jet set*, do Country Club, das colunas sociais. As *socialites* passaram a se identificar com os personagens e com a trama. A "conjunção carioca" formada pelo trio As Frenéticas, Nelson Motta e Morro da Urca era mesmo irresistível.

Em 1981, outro sucesso inesperado: o lencinho no pescoço usado por Vera Fischer em *Brilhante* virou mania nacional. Não passava de um recurso de desespero que encontrei para disfarçar o corte *à la garçon* que não tinha caído bem na diva. Por sorte, ele agradou ao público e diminuiu um pouco a minha culpa. Em 1990, os laçarotes da sucateira Maria do Carmo, vivida por Regina Duarte em *Rainha da sucata*, também foram parar até nas cabeças mais elegantes. Em todos estes casos, o estranhamento era sempre a primeira reação do público. Depois, dependendo do Ibope, podia virar uma grande moda.

Outro exemplo bem mais recente deste frisson é a bolsa Prada com alça atravessada no peito que a Débora Bloch usava em *Andando nas nuvens*. A sinopse da novela descrevia a personagem como uma jornalista jovem, dinâmica, recém-chegada do Japão, bem-sucedida e talentosa. A bolsa deu o toque necessário para transmitir tudo isso. O que me fascinou nela não foi o design, mas a chance de prover a personagem com mantô, *walkie talkie* e *laptop*. Tudo muito prático para deixá-la com as mãos livres. O Japão, na minha cabeça, era assim.

É neste capítulo da minha novela pessoal que a história começa a ficar mais interessante. Quando vi que eu tinha o poder de criar estilos e maneirismos, me senti uma verdadeira deusa da moda. A ficha caiu logo depois, é claro, quando engoli a seco a sensação de onipotência. Se existe um nome influente no meu mercado de trabalho, sem dúvida esse nome é TV Globo. Mas mesmo assim – talvez mais ainda depois desta tomada de consciência – passei a curtir muito a brincadeira de tentar, sempre, adivinhar o que vai pegar na próxima estação. Como não tenho bola de cristal, uso a minha experiência profissional e um bocado de intuição. O que consome, aliás, um tempo razoável e boas horas de sono. E é uma delícia.

Marcos Palmeira e Débora Bloch

(Andando nas nuvens)

Isabel Guéron e Caio Blatt

(Andando nas nuvens)

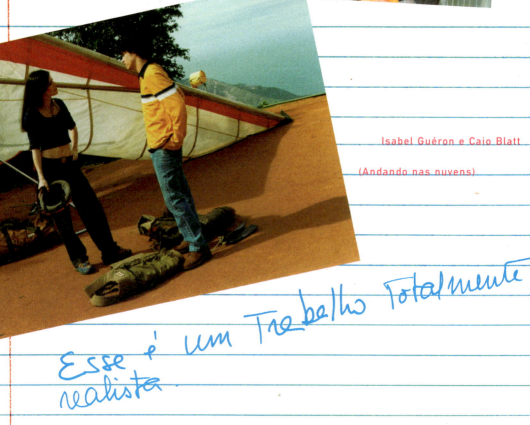

Esse é um Trabalho Totalmente realista.

Marilia Carneiro

Hoje considero um privilégio ser figurinista e encarar o desafio que é vestir um ator, seja ele de cinema, TV ou teatro. Ao mesmo tempo em que acho que são as grandes personalidades que realmente lançam moda e não necessariamente as passarelas – vide a Madonna com Gaultier e Galiano e, nos anos 50, Audrey Hepburn com Givenchy –, o ator e a atriz não têm necessariamente (eu diria até quase nunca) a altura e o peso das modelos de passarela. Então surge o desafio de adaptar a tendência da moda às silhuetas nem sempre esbeltas e longilíneas como as que se vêem nos desfiles e nas revistas. Ou seja, eu preciso vestir os imprevistos das pessoas de carne e osso. Preciso vestir idades, pesos, alturas, cores de cabelo, cores de pele, ambições, frustrações, sexualidades. Ou vocês pensaram que era fácil?

Misto de psicólogo, mãe, professor, conselheiro e confidente, a profissão de figurinista é a melhor e a pior que Deus resolveu colocar no mundo. Quando comprei a passagem para o mundo dos atores, rasguei não só o antigo sonho de ser aeromoça – sim, eu já quis ser aeromoça – como também o bilhete da volta. Renata Sorrah e Dina Sfat, as primeiras atrizes com quem trabalhei na televisão, faziam a vida parecer uma festa quando estávamos juntas. Renata era um sonho. Linda, loura, cordata, educada. Uma princesa. Dina era entusiasmada, líder, única. Tínhamos os mesmos ideais.

Comecei a olhá-las como bonecas de vestir, de enfeitar o faz-de-conta. Nesta hora tive o *insight*. Elas eram de fato, por que não, bonecas de sonho a quem eu ajudaria a dar vida, forma e mistério. E aí tudo ficou mágico nesta entrega de amor profundo, que me fazia esquecer as críticas e o corre-corre da profissão no simples ato de criar. Percebi que o personagem nasce para mim e para o ator com a mesma intensidade. E quando ele percebe isso, nos tornamos cúmplices.

"Trabalhar com a Marilia sempre foi muito gostoso. A gente se entende sem precisar falar muito. A certa altura do trabalho, sem nos darmos conta, já estamos pensando nas mesmas coisas. É quase telepatia."

Sonia Braga

Sonia Braga (Dancin`Days)

2
A Revolução do Figurino

Eu sou da época da costureira de família. A nossa se chamava Lia. Era delicioso tê-la por perto porque ela não só fazia bainhas, reformas e consertos como também costurava maiô, biquíni de pano e de vez em quando um vestido novo para a festinha de sábado. Embora ela ainda não conhecesse o significado da palavra modelagem, sabia modelar como ninguém e entregava as roupas com acabamentos perfeitos.

Quando entrei na TV para fazer figurino, foi como reencontrar não só a nossa costureira de casa como a do vizinho, a da tia, a da melhor amiga. Estava lá uma legião de craques em corte e costura. Era para elas que o Carlos Gil, figurinista da época, entregava seus desenhos. Com a experiência da linha de show do Cassino da Urca, o carioca Gil, ele mesmo um travesti famoso pela sua imitação impecável de Carmen Miranda, tinha a estética das plumas. Arlindo Rodrigues, grande carnavalesco, fazia a novela *Sinhá moça* no horário das seis da tarde e seguia mais ou menos o mesmo estilo. Assim como o Sorensen, que usava um cabelo louro *à la* Marilyn Monroe. Todos, enfim, estavam muito mais para Moulin Rouge do que para o mundo da moda. Fazer figurino, para eles, era criar belos croquis e passar adiante as encomendas para o time de costureiras.

Uma vez caída de pára-quedas neste contexto, é claro que achei ótimo poder contar com tantas costureiras. Eu podia me sentir em casa, afinal. Mas a novela pedia mais. Estava na hora de usar o recurso das butiques, com seus jeans trabalhados, suas jaquetas moderninhas e blusas

Claudio Correa e Castro

(Dancin`Days)

Marilia Carneiro

com aplicações. Dificilmente uma *street wear*, por exemplo, fica bem-feita se vier de costureiras. Aos poucos, então, a moda do cotidiano foi marcando presença em todos os capítulos. É claro que fui muito criticada por isso. A fórmula de trabalho que criei, voltada para a produção de rua, ainda não existia no figurino brasileiro. A turma de figurinistas da época, que só saía da Globo para os barracões de escolas de samba e bailes gays, achava fácil demais comprar tudo pronto. Assim qualquer um faz, eles diziam. Mas eu não ligava a mínima, porque simplesmente não tinha muita consciência do que estava fazendo. Talvez por isso mesmo tenha enfrentado o touro a unha. O ator Roberto Bomfim, meu namorado na época, achou que eu não iria agüentar o tranco. Acontece que eu era um trator e não sabia.

Para fazer *Dancin'Days*, praticamente me mudei para Copacabana. Passava dias inteiros no bairro. Foi graças a esse laboratório vivo que pude criar tipos como aquele cara que anda de chinelo Ryder, dá um mergulho na praia e toma um chope no meio do dia, antes de jogar no bicho. E a senhora que joga biriba, usa muita maquiagem e às vezes pinta o próprio cabelo. As roupas dela eram de lojas como Celeste e Ermínia, que nasceram em Copacabana quando os grandes shoppings ainda nem existiam. Comprar as roupas direto na loja, então, com o feitio e a estampa que o personagem precisava, era bem mais rápido e prático do que desenhar, explicar tudo para a costureira e correr o risco de não gostar do resultado final. O negócio era, literalmente, bater perna na rua todo dia. Exatamente o que, hoje, todos os figurinistas fazem.

O resultado desta guinada, das oficinas de costura para as lojas de rua, era até previsível. De uma hora para outra, quando ainda não tinha nem bem digerido a função de figurinista, ganhei da crítica e do público outra profissão. Eu não sabia, mas também estava sendo considerada, aqui e ali, a nova estilista do pedaço. Não foi fácil consertar a confusão, já que as diferenças entre uma profissão e outra são mesmo muito sutis. Se eu começava a ditar tendências de moda através de alguns personagens, afinal de contas, estava de fato entrando de penetra no *métier* dos estilistas.

Acontece que, mesmo que uma profissão inspire a outra e vice-versa, as diferenças obviamente existem. E é importante separar o joio do trigo, como fez, a meu pedido, a figurinista Emilia Duncan:

Renata Sorrah e Jardel Filho

(Brilhante)

Marilia Carneiro

"O objetivo de cada profissão é diferente. O figurinista veste um ator que está encarnando um personagem, que por sua vez serve a um texto que sofre a mediação da câmera e da TV. O estilista, pesquisando e criando em função do mercado de consumo, trabalha exclusivamente para o consumidor. Já o arco do figurino é mais amplo: vai do mendigo ao rico, do cafona ao chique. Com o seu lado mais artesanal, o figurinista adapta a moda ao ser humano e é como médico antigo: cuida de tudo."

É este ser humano que precisa estar sempre em primeiro lugar. Eu visto pessoas que engordam e emagrecem durante uma novela, que não se sentem bem com determinadas roupas e que, principalmente, contam com o figurino na hora de compor seus personagens.

"Diferentemente de outros atores, especialmente os de teatro, meu trabalho começa de fora para dentro, quer dizer, meu primeiro contato, além do diretor, é com o figurinista, com o maquiador. A partir daí eu vou compor a personagem, a partir de uma premissa totalmente visual."

Sonia Braga

"A primeira aparição do personagem, principalmente em TV, pode ajudar muito na sua composição. Se você põe uma roupa inadequada, pode estar adiando a descoberta do personagem por um determinado número de capítulos, o que, para o ator, pode ser fatal."

Antonio Fagundes

"Como ator, só consigo fazer o personagem depois que me visto."

Daniel Filho

Enquanto o estilismo se preocupa com os desfiles e com o show-business, os figurinistas se ocupam de homens e mulheres de carne e osso, bem diferentes dos seres idealizados da moda. Um estilista não preci-

Jandira Martini e Stênio Garci (O clone)

Stênio Garcia, Carla Dias, Carolina Macieira, Jandira Martini, Sebastião Vasconcellos, Dalton Vigh e Nívea Stelmann (O clone)

Marilia Carneiro

sa saber como disfarçar, por exemplo, uma indesejável barriguinha. Ou braços gordos, costas largas, pernas finas demais e tudo mais a que está sujeito qualquer mortal, incluindo os dias de mau humor.

O estilismo tem a obrigação de criar tendência. Se isso não acontecer, é sinal de que ele e o mercado da moda não estão na melhor fase do seu namoro. E se não fizerem as pazes rapidinho, adeus, retorno financeiro. Já o figurinista, quando vê suas idéias virarem mania, sabe que os louros da criatividade também se devem aos bons ventos do Ibope, no caso da novela. Foi assim com o exemplo recente da Jade, personagem da atriz Giovanna Antonelli em *O clone*. As roupas esvoaçantes, os lenços coloridos, as jóias e a maquiagem sem dúvida arremataram o sucesso da personagem, mas ajudou muito o fato de a novela em si ter virado uma grande mania. Bastava dar uma olhada nas vitrines e nas ruas de todo o país para ver batas, lenços orientais, pulseiras e brincos iguais aos da Jade. Acho que as brasileiras só não passaram a usar lenço na cabeça porque o nosso clima tropical não deixou.

A verdade mesmo é que, às vezes, o figurino dita moda e não se sabe muito bem por quê. Talvez porque ele trabalhe essencialmente com emoções e tenha o poder mágico de transformar as pessoas. Com a liberdade, ainda, de não precisar se comprometer com o novo, já que é um trabalho que não se restringe a novelas urbanas e contemporâneas. Na moda é bem diferente: nela, o presente é feito de futuro.

Ser figurinista é de vez em quando enjoar de moda, ir a Paris e se recusar a assistir a qualquer desfile – ou optar só pelos japoneses, porque eles nunca vêm ao Brasil. É ir a um concerto em Nova York e prestar mais atenção na platéia do que na música. É impressionante, por exemplo, como aquelas mulheres conseguem usar roupas tão decotadas a 20 graus abaixo de zero. Garanto que elas sentem frio.

Quando o figurino de um personagem é criado, o requinte de detalhes é grande. Se pergunto a um diretor qual o signo de determinado personagem, ele já sabe que não estou brincando. Esta é só uma das peças do quebra-cabeças: tem também a marca do cigarro, o tipo de carro, a bebida preferida e os lugares que ele gosta de freqüentar à noite, mesmo que nada disso esteja na sinopse. Assim são montadas as colagens, ou as chamadas pranchas. É um

O Clone foi tão prazeroso que o difícil foi largar aquele universo de 1.001 noites.

Giovanna Antonelli, Letícia Sabatella e Murilo Benício

(O clone)

Marilia Carneiro

trabalho de recorte e colagem, mesmo, daqueles de sentar no chão com tesoura, cola, cartolina e uma pilha interminável de revistas. É folheando estas publicações que se encontra uma blusa que é a cara da Jade, ou outra que ficaria bem na Maysa. Uma verdadeira *découpage* do figurino. É claro que tudo isso também pode ser feito com desenhos feitos à mão, os famosos croquis.

Caso o personagem seja suburbano como a Dona Jura, também de *O clone*, o figurino irá, de certa forma, recriar a realidade. Será fundamental uma visita ao subúrbio, para ver como as pessoas de lá se vestem de verdade. Não se trata de copiar a realidade, é bem diferente disso. Realismo e realidade, aliás, não são nem parentes. Eu preciso ficar com o primeiro, sem me esquecer nunca do charme a mais que a câmera pede na hora de gravar o segundo. Esta lição aprendi com o Walter Avancini, quando tive que criar uma grã-fina para um especial do Gilberto Braga. Achei que a missão estava no papo e que ele não daria nem palpite porque, convenhamos, o tema estava dentro dos meus domínios. Mas quando mostrei a minha grã-fina, super-realista, caí do cavalo. Ele não estava fazendo um documentário. Portanto, não estava nem um pouco interessado em realidade.

O que ele queria era realismo, uma busca inteiramente diferente. Era preciso dar a idéia de elegância, sim, mas com alguns elementos a mais. Esse "a mais" faria toda a diferença. Dois colares em vez de um, por exemplo, já me serviriam como signos de poder. O fato é que visualmente, no Brasil, não posso convencer ninguém da finesse de uma grã-fina realista. Na televisão, discrição não é sinônimo de elegância.

Desde então, mesmo quando faço um mendigo, procuro um pouco de delicadeza. Em *O clone*, jamais conseguiria deixar horrorosa a drogada Mel, personagem de Débora Falabella, para quem eu fazia camisetas furadas com ponta de cigarro. Eu procuro a beleza em tudo, dentro de um certo naturalismo. Não chego ao ponto de ter a estética do comercial mas sempre preservei a minha mão leve, mesmo quando faço humor. Acho de muito mau gosto enfear qualquer pessoa. Neste ponto, aliás, acho que os estilistas concordariam comigo.

Imagino que eles também não negariam que, hoje em dia, já não é tão fácil saber de que forma o estilismo influencia as pessoas. No caso da Chanel é diferente, por exemplo. Fim do século XIX: ela tira os espartilhos, troca-os

Betty Faria (O espigão

por tecidos mais práticos e sugere alternativas como as calças compridas e o tailler de tweed. Junte isso com a vontade de votar e de conquistar igualdade de direitos e fica claro por que ela estourou daquela forma. Hoje, no entanto, a História não ajuda muito os cada vez mais globalizados estilistas. Daí a confusão que volta e meia aparece na hora de definir qual é a praia do figurinista e qual é a do estilista. Eu me permito achar que às vezes eles freqüentam a mesma e, quando a maré é boa, dividem as melhores ondas. Não sei qual é a busca ideal mas a minha, particularmente, é fazer com que o figurino seja somente um veículo, um instrumento na mão do personagem. Que ele não atropele ninguém, nem ator, nem personagem – muito menos a própria trama.

FIGURINO TAMBÉM É CARACTERIZAÇÃO

Algumas pessoas costumam achar que é o próprio ator quem opta por um belo bronzeado ou por uma determinada tinta de cabelo. Ou que não está tratando direito das olheiras, mesmo que o seu papel seja o de uma pessoa cansada ou doente. Talvez isso seja uma conseqüência do uso da própria palavra "figurino", que, na verdade, se restringe à roupa. Mas fazer figurino é muito mais do que vestir o corpo. Eu também visto rosto e cabelo com o maior dos cuidados, desde que vi o Daniel Filho pintando os dentes da Sonia Braga de marrom em *Dancin'Days*, já que uma ex-presidiária fumante não teria razão nenhuma para ter dentes branquinhos. Daí em diante, o cuidado com os menores detalhes foi incorporado para sempre na minha profissão. Depois ouvi de Betty Faria que televisão de verdade é um 3x4. É geralmente neste quadro que está o segredo da caracterização.

> *"Antigamente as figurinistas não interferiam no visual do personagem da maneira que a Marilia passou a interferir. Ela bola o visual geral da pessoa, incluindo corte e cor de cabelo. Já seria o bastante ser uma desenhista de roupa, mas ela vai além e cria o desenho total que o personagem vai ter."*
>
> Daniel Filho

Não existe coisa que eu me orgulhe mais do que esse Trabalho

Antonio Fagundes e Letícia Spiller

(Villa-Lobos, uma vida de paixão)

Marilia Carneiro

Para cumprir esta missão conto com bons maquiadores e grandes cabeleireiros, que se tornam tão presentes no meu trabalho que acabam virando grandes amigos. O Wanderley é um deles. Aplique para longas cabeleiras é com ele mesmo, que é capaz de passar, com o melhor dos humores, um domingo inteiro de sol fazendo Interlace no Projac.

Para os momentos de S.O.S., quando uma determinada química e um certo couro cabeludo não se entenderam, apelo para a santa milagreira Elza Pontes. O Jean Ives também é um dos meus aliados importantes. Só eles entendem meu desespero quando não encontro, aqui no Brasil, perucas boas como as americanas, montadas fio a fio numa tela tão fininha que parece meia de mulher. Os maquiadores também me compreendem perfeitamente quando gelo na frente de uma sobrancelha fininha, digna de Gisele Bündchen, num rosto prestes a estrelar um filme de época. Neste caso, nem a raiz do cabelo deve lembrar o que é fazer uma escova. São estes detalhes que fazem a diferença no resultado final. De qualquer trabalho, seja ele em novela, cinema ou teatro.

> *"Quando fiz* Villa-Lobos, *a maquiagem do Villa velho durava cinco horas, num calor de 40 graus. Mas valia a pena: era só olhar depois para as minhas rugas e meus cabelos brancos para encarnar o personagem. Na televisão, a participação do figurinista é ainda mais importante para mim. Eu tenho que parar, olhar no espelho e ver que aquele é o cara da história. Daí é que eu vou ver como é que ele anda e fala. Já no teatro acho que o figurinista deve fazer parte de um intenso trabalho de equipe, o que é muito bonito de ver (e participar)."*
>
> Antonio Fagundes

Na televisão, a herança de Hollywood é tanta que torna quase incontestável a vitória do fake. E viva o silicone, o cabelo liso, o nariz retocado, o branqueamento de dentes. Quanto menos original, melhor. Já as roupas de uma novela, por outro lado, devem ser sempre verossímeis. Hoje em dia não há nada que eu coloque num ator que não tenha sido envelhecido, por exemplo. Salvo se o personagem for uma mulher muito elegan-

O bando foi criado pelo meu querido Paulo Chede e adequado por mim para linguagem de T.V.

Tania Alves, Nelson Xavier e seu bando

(Lampião e Maria Bonita)

te, as roupas todas recebem algum tipo de tratamento. A *street wear* leva, no mínimo, uma batida na máquina. Algumas golas são amassadas, já os jeans podem ser lixados para parecerem gastos. Quando fiz *Lampião e Maria Bonita*, minha equipe passava óleo Johnson nas roupas para elas ficarem ensebadas. Os personagens da minissérie não tomavam lá muito banho mesmo.

Em *Gabriela*, sofri muito com uma camisa sintética. Eu podia jogá-la no chão e na parede e ainda pisar em cima que ela parecia cada vez mais nova. Chorei de desespero várias vezes. O que não faz a menor diferença no *set*, diga-se de passagem. Chilique mesmo costuma ser privilégio de atores e diretores. Um figurinista, por mais que faça sucesso, nunca terá cara pública. Imagine se alguém se lembra, por exemplo, do autor (ou autora) do vestido provocante de Marilyn Monroe em *O pecado mora ao lado*?

O mundo do figurino é o dos bastidores, dos camarins, das coxias. É neste terreno que são feitas bainhas de última hora ao mesmo tempo em que roteiros intermináveis precisam ser decupados. Ou seja, é bom que se fique atento aos principais acontecimentos e às cenas mais marcantes. Mais do que roupas e produções especiais, estas cenas pedem também uma boa dose de interpretação. Quando leio no roteiro que a drogada Mel desmaia na praia, preciso decidir se ela vai estar de biquíni, short ou calça comprida. Ou com uma roupa bem surrada, com cara de quem virou a noite fora de casa. Se fico sabendo que vai acontecer na novela um desfile de modas, também posso ter que decidir pelo estilo que será o sucesso (ou não) das passarelas. Pode não parecer, mas é uma senhora responsabilidade. É o preço pago, também, por uma deliciosa liberdade de criar.

Na minissérie *Rabo de saia*, de Walter Jorge Durst, um dos trabalhos que mais gostei de fazer na vida, sugeri ao Avancini que o Seu Quequé, personagem de Ney Latorraca, tivesse uma roupa para cada uma das suas três amantes, que viviam em cidades diferentes do Nordeste. Com o tempo, bastaria que o telespectador visse sua roupa para saber quem ele estava indo visitar. Então ele se trocava no trem, onde passava a maior parte do tempo com a sua maleta de caixeiro viajante. Como as três mulheres possuíam condições econômicas inteiramente diferentes, o figu-

Ney Latorraca (Rabo de saia)

Marilia Carneiro

rino ia do despojado ao chique. Virou um recurso muito cinematográfico, no final. Em dois segundos já dava para saber o que ia acontecer.

"A Marilia criou uma cor para cada amante. Para a personagem da Tassia Camargo, a Nicinha, Seu Quequé usava um terno de linho branco sem colete, gravata borboleta, sapato bicolor branco e marrom e chapéu marrom com uma tarja vinho. A leveza combinava com a relação dos dois. Como a Nicinha era a mais jovem das três, ele tinha por ela um sentimento quase paternal e era chamado de Vovozão, mesmo tendo um filho pequeno com ela. Para o amante da personagem de Dina Sfat, Marilia encomendou um tratamento de banho de chá para outro terno de linho, o que o deixou com um tom bege. Com este terno Seu Quequé já usava colete. Mas era quando visitava a Lindinha, de Lucinha Lins, que a elegância era total. Aí ele era o cara que estava mais bem de vida, o caretão que freqüentava a igreja. O terno era azul marinho, o chapéu preto e até o pijama que usava na casa dela era comprido, enquanto que na casa das outras se contentava com cuecas samba-canção – com camisa para Dina Sfat, sem camisa para a Tassia Camargo. O que não variava era o guarda-pó para as viagens de trem e um anel de chapinha no dedo mindinho, com as iniciais do personagem. Lembro de tudo isso porque tenho até hoje as roupas guardadas comigo, de tanto sucesso que fez Rabo de saia. E acho que a Marilia é a responsável por este sucesso."

Ney Latorraca

É claro que, quando comecei a lidar com figurino, não imaginava a extensão que um trabalho como esse poderia ter. As pessoas que começaram a trabalhar comigo também não. Eu chamava gente de comunicação, do cinema e da publicidade, como Helena Gastal e Silvia Sangirardi. Eram profissionais, em geral, que acreditavam na estética, o que de certa forma virou uma escola. Então aconteceu que os próprios diretores foram se acostumando àquilo que estavam vendo e já não aceitavam mais as fórmulas antigas. É que Iansã, meu orixá, é uma grande guerreira.

Dina Sfat

(Rabo de saia)

Como o vestido
de Scarlett O'Hare,
a saia de. Dine
Sfat Também
foi feita com ume
cortine. De chita mineire,
de janele de case
onde estávamos gravano

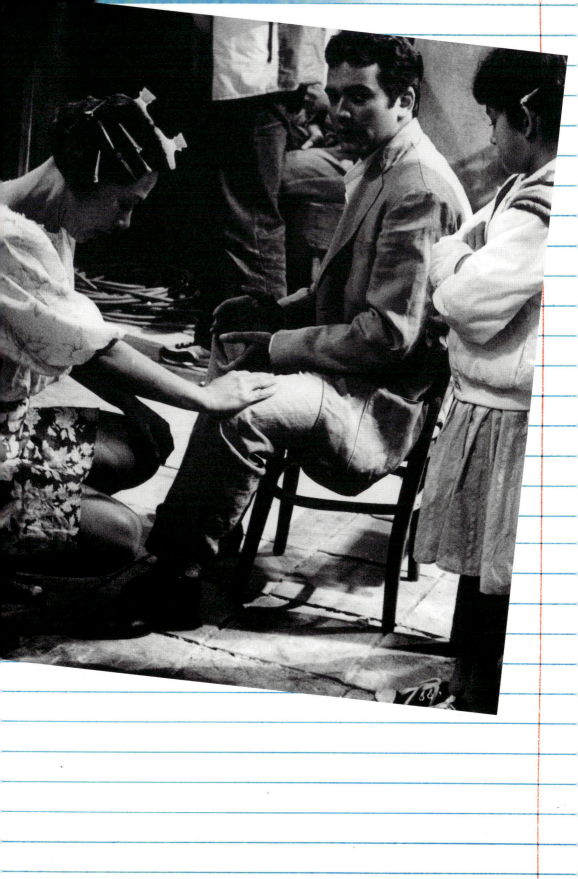

Dina Sfat
(Gabriela)

Marilia Carneiro

3
A Novela

A esta altura do campeonato, depois de tantas histórias de sucesso recentes como *O clone* de Gloria Perez, não dá para negar que a nossa novela é uma instituição nacional. Segundo o Ibope, 96% dos lares do nosso país possuem pelo menos um aparelho de televisão. Entre os programas líderes de audiência estão sempre as novelas. Só perdem para finais decisivas de futebol, e isso quando o apito da partida não é planejado de acordo com o horário da novela das oito.

A presença das novelas em nossas vidas, esperneiem ou não os intelectuais, é um fenômeno social concreto. O peso da responsabilidade de quem está do lado de cá das câmeras, por isso mesmo, não é nada *light*. Quem espia aquele mundo de sonhos entre uma garfada e outra do jantar não imagina a trabalheira louca que está por trás dele.

É claro que, da minha primeira novela até hoje, as coisas evoluíram muito. No princípio, as abordagens eram mais maniqueístas. Os personagens se dividiam entre ricos e pobres, praticamente. Como o trabalho de criação se resumia à construção de estereótipos bem definidos, bastava concentrar muito glamour na moda sofisticada dos ricos, nas suas casas maravilhosas e seus carros de último tipo para fazer o contraste com o núcleo oposto, o mundo acinzentado dos pobres.

Hoje o contexto da novela brasileira é muito mais diversificado e abrangente, reflexo da nossa própria sociedade, que anda mais democrática. Esta mudança abre espaço para a criatividade e para os desafios, já

Betty Faria e Paulo José
(Labirinto)

Isabela Garcia
(Labirinto)

que nuances novas estão sempre surgindo. Elas aparecem numa verdadeira feira de estereótipos, numa espécie de supermercado de estilos. Num caldeirão de culturas diversificadas que vão além daqueles personagens clássicos de quase toda trama: os ricos, os pobres, a moça pobre que ama o rapaz rico, a megera, a amiga, as famílias, a empregada fofoqueira. Ou a classe média, os emergentes, os tipos excêntricos, os bregas, os esportivos, os que militam por causas sociais e por aí vai. Para deixar a vida dos figurinistas mais emocionante, hoje as sinopses abrigam ainda outras tribos, como os skatistas, os rappers, os clubbers, as patricinhas, os adeptos do hippie chique e vários outros tipos que surgem a cada virada de estação. Está ficando cada vez mais difícil classificá-los, aliás.

> *"Na novela* Labirinto *eu não gostei da roupa de baixo da Betty Faria, que era um corpete preto em vez de calça e sutiã. A Marilia então me disse: 'Nem tudo precisa ser de bom gosto, Gilberto, assim fica um clima meio* Dallas *e além do mais a Victoria's Secret está usando isso.' Achei que era caretice minha e foi tudo mesmo do jeito que ela quis. Se eu fosse figurinista ia ficar todo mundo muito clean e discreto, o que não teria a menor graça."*
>
> Gilberto Braga

A SINOPSE, O COMEÇO DE TUDO

A sinopse da novela, que traz o perfil de todos os personagens, é a Bíblia do figurinista. Não costuma ter menos de 200 páginas — que, ao fim das gravações, estão irreconhecíveis de tão amassadas e cheias de anotações. Dá um enorme frisson abri-la, não só porque chega com um carimbo de "Confidencial" da Rede Globo mas também porque é ela que determina os meus próximos 12 meses de existência. É a partir da sinopse que imagino, num ânimo enlouquecido que marca cada comecinho de novela, todos os detalhes de cada personagem. Imagino como é a forma da pessoa: se ela vai ser morena ou loura, se vai adorar cabelo curtinho ou vai

a incrível Gloria Pires, dona do mundo.

Gloria Pires

(O dono do mundo)

Marilia Carneiro

ter um cabelão, se gosta de seda ou de linho, se é orgânica, clean ou barroca. Neste ponto estou bebendo na fonte do autor, que descreve cada
personagem em sua totalidade. Estão lá sua origem, seu comportamento,
seus projetos de vida.

A esta altura as idéias já estão pipocando e então começo a ver tudo – visito confecções de pronta-entrega, fábricas, lojas de departamentos,
viajo, vejo vitrines, sento nos cafés e restaurantes para ver moda de rua,
compro revistas, entrevisto estilistas, produtores de moda, donos de lojas.
Enfim, lanço mão de todos os recursos que possam me dar alguma inspiração. E como há muita gente interessada em ver seu trabalho exposto na
televisão, também faço uma triagem de todo o material enviado por estilistas ou confecções direto para a emissora.

Sugestões na cabeça e endereços de lojas, alfaiates, costureiras,
designers de jóias e o que mais der tempo de pensar nas mãos (o figurino
de uma novela lida com o comércio inteiro de uma cidade), é hora de trocar figurinhas com o diretor, o que pode acontecer antes mesmo de o elenco estar definido. Nesta fase a massa de idéias já deve ter sido organiza-
da em um guarda-roupa para cada personagem, apresentado para
aprovação através de colagens, desenhos, croquis e vídeos – cada caracterização pede um verdadeiro álbum. Este capítulo da conversa com o diretor é dos mais importantes. Dele podem sair dias de trabalho felizes ou
péssimos. O que também quer dizer arrancar ou não os cabelos.

O I CHING DE DANIEL FILHO

O Daniel Filho, por exemplo, diretor com quem eu mais trabalhei e conti-
nuo trabalhando na minha carreira, é também um dos mais difíceis de se
entender. Por isso ele ganhou de mim o apelido de *I Ching*. Decifrar suas
vontades dá tanto trabalho quanto interpretar a filosofia oriental. O desejo
do diretor é o que os figurinistas chamam de "encomenda", que nada mais
é do que a visão que ele tem a respeito da obra que será feita. As encomendas do Daniel, como ele mesmo admite, são complicadíssimas.

Marilia Carneiro

Pouco antes de fazermos *O cangaceiro trapalhão no deserto*, com Regina Duarte e os Trapalhões Didi, Mussum e Zacarias, eu estava na casa dele tentando entender a "encomenda" de cor para o filme – a cor, é claro, é um dos itens fundamentais deste tipo de *briefing*. Foi então que ele colocou na mesa um vidrinho azul que poderia ser de um adoçante Dietil, um copo meio verde, meio amarelo e uma caneta bic vermelha: "É isso que eu quero!", falou. E lá fui eu para casa, sedenta por uma próxima pista do *I Ching*.

Perguntar o que exatamente significava aquela loucura não era uma boa idéia, já que o Daniel às vezes fica nervoso e perde a paciência. É que ele vê com tanta clareza o visual perfeito para o trabalho que não consegue admitir ter que explicar tudo tintim por tintim. Para bom entendedor, afinal, meio *I Ching* basta. Mas eu só fui entender que diabos ele queria dizer quando cheguei à Caatinga. É que, em contraste com o chão de terra seca e rachada, as cores parecem pular na frente dos olhos. O que o provérbio chinês queria dizer era que o segredo do sucesso estava nas cores primárias. O resultado é que acabamos de fato utilizando maravilhosamente bem as cores no filme, fazendo um *cartoon* de primeira ordem. Mérito da teorização toda particular do Daniel.

"A Marilia diz que, por muito tempo, eu fui assunto da análise dela, porque ela tinha sempre a sensação de que iria levar um tombo quando entrasse na minha sala. O processo de criação tem que ter emoção mesmo. Eu tenho que passar adiante idéias como 'uma mulher correndo no campo, só que dentro de um apartamento'. Eu falo coisas estranhas assim quando estou criando. Mas no fundo a Marilia compreende o meu método estabanado e, como diria Roberto Carlos, meu 'jeito estúpido de ser'. Ela consegue, felizmente, entender e traduzir as coisas que eu digo atordoadamente. Eu considero a Marilia a minha melhor amiga. A mais antiga e melhor amiga."

Daniel Filho

Também tenho Lombardi no meu currículo.

Betty Lago,
Mirian Pires
(Uga uga)

Viviane Pasmanter
(Uga uga)

Marilia Carneiro

OLHO CLÍNICO

Depois da leitura religiosa da sinopse da novela e do surgimento das primeiras idéias – o que acontece cerca de três meses antes da estréia –, começa a preparação para as futuras compras. Trata-se de uma enorme busca de informações tanto nos meios convencionais – desfiles internacionais e revistas especializadas, por exemplo – como nos meios alternativos. Como informação complementar eu e minha equipe usamos, principalmente, o cinema, as revistas de fofocas, fotos, publicações jovens e vários pontos de observação. O olho clínico pode passear tanto nos subúrbios quanto nas praias, nos bares e nos shoppings.

O vício de um figurinista, aliás, é a mania de observação. Eu nunca pensei que a minha profissão pudesse, por exemplo, gerar nas minhas filhas a sensação de que elas têm que caprichar muito no visual quando vão me encontrar. As duas acham esse meu lado observador um pé no saco. Para elas meu olhar está sempre criticando, vendo se o cabelo delas está precisando de um corte ou investigando se as unhas estão feitas. Não que elas de fato cuidem do visual pensando em mim, graças a Deus. Eu me sentiria uma tirana se isso acontecesse. A mais velha, por exemplo, resolve esse lado terrível do meu ofício pedindo que eu tire os óculos quando precisa me contar uma coisa séria. Assim ela não corre o risco de, no fim da tragédia, ouvir que ela está com um cravinho no nariz.

Já a vantagem de um bom observador é que o trabalho de campo pode começar em casa mesmo. Em *Rainha da sucata*, o Caio Jimansky de Antonio Fagundes foi inspirado no meu ex-marido, Mario Carneiro, míope e gago como o personagem. Daí eu ter colocado no Fagundes uns óculos com uma das hastes quebrada e colada com esparadrapo. Eram os óculos do Mario, que, quando atendia ao telefone e ouvia a temida pergunta "Quem é que está falando?", me passava o aparelho e me pedia, tapando o fone: "Fa-fala aqui que é o Mario".

"Há coisas que movem o personagem, como o fato de o cara ser completamente gago. Isso tem um significado psicológico muito

a famosa meia de lurex

Dancin`Days

Marilia Carneiro

forte e não pode ser ignorado pelo figurinista. Os óculos colados com um esparadrapo são só um detalhe, mas a personalidade toda dele está lá. Ele é gago e tem tantos outros problemas que não vai se preocupar com os óculos. São estas pequenas luzes do figurinista que vão se somar com o que o ator está construindo por dentro dele. Um ator atento sabe aproveitar estas pistas."

Antonio Fagundes

O trabalho de campo pode acontecer até numa loja de discos. Foi de um LP que tirei a idéia da meia de lurex para a cena em que Júlia Matos, personagem de Sonia Braga em *Dancin'Days*, arrasaria na discoteca. Pensei nela para dar mais irreverência ainda à calça vermelha que lembrava o calção de um lutador de boxe, só que mais comprido. Na verdade, era um modelito pré-Adidas. Uma imagem foi puxando a outra e, quando me dei conta, não tinha coragem de colocar no ar aquele visual ousadíssimo que na pista de dança ainda seria arrematado com óculos escuros. Porque a Júlia, depois de ter saído da prisão e ter vencido na vida, podia chegar à cidade do jeito que quisesse. Podia chegar toda de preto e com o cabelo até a cintura, por exemplo. Mas apareceu usando sandálias com meias listradas e coloridas e com o cabelo curto muito, muito crespo.

"Desde muito cedo me interessei por dramaturgia e tudo que estivesse ligado ao mundo da ficção. Nunca fiz distinção entre uma boa cena de TV, teatro ou cinema. Lembro-me perfeitamente de, aos 12 anos, aguardar com enorme ansiedade a volta de Júlia Matos de uma viagem internacional que deve ter durado poucos capítulos mas que para mim parecia uma eternidade. Foi aí que descobri Marilia Carneiro. O tiro certeiro daquela chegada de Sonia Braga na boate Dancin'Days deve-se em grande parte à Marilia. A calça de cetim, o tomara-que-caia e as meias de lurex ficaram na memória de muita gente no Brasil e no mundo."

Malu Mader

Marilia Blanco, Jorge Gomes, Silvia Sangirardi,

Wilton Pontes, Eloy e Isabel Teresa (O rebu)

Isabel Ribeiro, Regina Viana e Lima Duarte

(O rebu)

Marilia Carneiro

Eu sabia que tudo isso causaria um impacto maior do que eu era capaz de imaginar, que a cidade inteira ia parar para ver. Em outras palavras: ou eu quebrava a cara ou me dava muito bem. A cena da discoteca, onde a ex-presidiária matava de inveja as pessoas da cidade que a repudiara, precisava transbordar sensualidade. O medo de quebrar a cara, é claro, prevaleceu. Fui tomada de tal ataque de desespero que peguei pelo braço a Sonia já prontinha e levei para a casa do Daniel, então diretor da novela. Ele já estava dormindo mas mandou a gente subir. De pijama, sentado na cama, ele disse: "Toca lenha na fogueira!". É por essas e outras que ele é realmente meu grande parceiro e sempre será.

"Tinha que ser uma chegada muito sensual e autêntica. Era um desafio para a gente a Sonia entrar numa boate no meio da novela e dizer 'Veja o meu sonho diferente'. Por isso escolhi a música On Broadway, *que eu adorava e tocava muito lá em casa. O resultado não podia ter sido melhor."*

Daniel Filho

Noves fora a emoção de ver uma produção dar certo na tela, a minha hora H mesmo é quando apresento o figurino ao diretor. Normalmente eu costumo esquecer que o cansaço e o estresse existem na TV, mas não duvido do poder arrasador de estruturas que uma certa cena tem sobre mim. Quando o diretor diz que não gostou do figurino, acho sempre que vou morrer. E da forma mais dramática possível, pior do que em novela mexicana.

Quando isso acontece, em geral, além da vergonha e da sensação de tempo perdido, a minha primeira reação é achar que o diretor entendeu tudo errado. Mas logo depois, para a sorte da minha saúde mental e bancária, procuro ouvir. Ouço mesmo de verdade, porque eu também estou ali para aprender. E na maioria das vezes aprendo realmente.

Uma destas vezes aconteceu em *O clone*, quando apareceu, já no meio da novela, uma jornalista portuguesa que vinha ao Brasil fazer uma entrevista. O diretor Jayme Monjardim planejou para ela um estilo bem nova-iorquino.

Marco Nanini (Gabriela)

Marilia Carneiro

Acabei fazendo uma nova-iorquina tão minimalista e *low profile* que no final ela parecia mais uma empregada, de tão simplezinha. O grau de dramaticidade era zero. Por mais que Nova York esteja cheia de pessoas assim, o que ele queria era o outro lado, o do *dressed to kill*. Ele queria uma jornalista que entrasse no escritório abalando. O fato é que o conceito *less is more*, na televisão, pode ficar muito sem graça. Então eu tasquei Prada nela, porque quando tudo está perdido é só ir de Prada que dá certo. Fiz ela vestir botas de salto alto, por exemplo, o que também é totalmente Nova York. Da próxima vez que receber uma nova-iorquina de encomenda, vou perguntar se ela se mora em Tribeca ou em Upper East Side.

Tropeços como esse têm mais chance de serem evitados quando ator, diretor e figurinista se entendem bem. Quando é formada uma espécie de triângulo amoroso, então, o vôo é alto. A relação com o diretor, para início de conversa, é fundamental. Quando trabalho com o Daniel Filho, por exemplo, é sagrado o nosso bate-bola a sós, longe dos atores, do diretor de arte, do iluminador. Mas também faz parte da fórmula secreta de sucesso saber ouvir o ator. Muitas vezes ele faz o seu laboratório pessoal e tem idéias próprias sobre o personagem. E isso é fundamental, porque ele precisa se sentir bem com as escolhas.

"Em Gabriela *eu fazia um jovem professor apaixonado muito recatado e discreto, com aquele comportamento de bom moço. A Marilia mandou fazer ternos de linho em tons pálidos como o salmão claro. Esta coisa mágica da palheta de cores fez com que eu me sentisse muito à vontade e a mistura de cores nas cenas ficou muito bonita. A minha roupa e a roupa dos outros são uma fonte de criatividade importante. Sei quando a roupa funciona quando me sinto bem com ela, e por isso espero sempre ansiosamente a conversa com o figurinista. O momento da troca de roupas também é muito gratificante. É praticamente um namoro."*

Marco Nanini

Graças ao carisma de Gabriela, até hoje as meninas das novelas rurais se encostam assim no fogão.

Sonia Braga e Armando Bogus

(Gabriela)

Marilia Carneiro

NOVELA É OBRA ABERTA

Diferente de um filme ou de uma peça de teatro, a novela mantém o suspense pelos seus acontecimentos até o último capítulo. Nem atores nem diretores sabem exatamente o que vai acontecer – algumas vezes, encurralados pelo Ibope, nem mesmo os autores sabem. A conseqüência disso é a sensação de ter entrado num rodamoinho, tamanha a correria. Muitas vezes recebo um capítulo num dia e vejo que preciso vestir uma situação dramática para o dia seguinte. Isso, é claro, quando um personagem novo não surge de um dia para o outro.

Quando amigas minhas dizem sentir inveja do meu dia-a-dia agi-tado, elas não sabem a encrenca que podem estar arrumando com Deus. Durante a novela, o tempo livre para respirar é quase uma abstração. Costumo mesmo dizer, nos meus cursos, que o figurinista é de certa forma um viciado em adrenalina. Uma das minhas assistentes, por exemplo, deprimia a cada vez que recebia uma folga.

É exatamente pela imprevisibilidade das gravações que, depois de aprovadas as propostas de figurino, apenas parte das roupas é comprada. Cada personagem ganha um enxoval básico, o suficiente para uns dois meses de gravação. Nesta fase as costureiras e os alfaiates já estão trabalhando a todo vapor, ajustando as roupas para o manequim dos atores e para as invenções da figurinista.

Para o personagem Leo de *O clone*, por exemplo, pensei numa silhueta que fosse justa no tórax e larga nas pernas, um *street wear* que estava na minha cabeça mas não estava nas lojas. Então fui para a Galeria River, a boca dos surfistas. Não encontrei nada de interessante. Parti para roupa de criança grande, o que, é claro, não entrou no ator Murilo Benício. Finalmente, me deu o estalo de Vieira. Resolvi fazer como nos anos 70, quando era moda usar tudo muito curtinho. O Caetano Veloso só se vestia assim. Naquela época a gente era tão magrinho que até roupas de adolescente de 14 anos davam o maior pé. Levei as camisas para o meu alfaiate, que cortou as mangas pela metade, reduziu a largura e chegou ao *shape* quadrado que eu queria para deixar o Leo mais forte, jovem

Foram sete pijamas iguais que eu tive que fazer. Nanini dormiu a novela inteira

Marco Nanini

(Andando nas nuvens)

e atlético. Um dia a minha empregada me perguntou onde ela poderia comprar aquelas camisetas para o filho adolescente, que só queria usar as roupas do Leo. Não podia comprar em lugar nenhum, é claro. Algum tempo depois, no entanto, para a sorte do garoto, uma loja lançou sua coleção de inverno toda agarradinha.

Em *Andando nas nuvens*, levei as costureiras quase à loucura com o personagem de Marco Nanini, um pai de família que havia dormido por 20 anos e, num belo dia, acorda desmemoriado. Como ele não podia estar na moda nem parecer um sujeito muito normal, decidi mudar o tamanho das camisas. Primeiro ficaram muito curtas, depois longas demais.

> *"O personagem tinha um tom complicado. Ele precisava ser descontraído e à vontade mas não podia ser apontado na rua como um louco. Então a Marilia criou para ele camisas mais curtas e vários pijamas, o que o deixou com um aspecto relaxado e ao mesmo tempo fugiu da caricatura."*
>
> Marco Nanini

Enquanto as costureiras fazem seus milagres, outras peças vão colorindo as araras de acordo com os capítulos novos que vão chegando. E a rotina da equipe de Figurino acaba lembrando a do supermercado. Sempre falta alguma coisa.

O enxoval básico de um personagem segue as proporções de um guarda-roupa comum, ou seja, de qualquer cidadão. É claro que uma dondoca terá muito mais vestidos e bolsas do que uma estudante. Imagina se ela pode repetir roupa! No entanto, de maneira geral, o montante de peças é planejado de acordo com o dia-a-dia dos que ficam do lado de fora do estúdio. Numa novela contemporânea, por exemplo, se visto uma mulher de classe média que trabalha em escritório, vou me dar ao luxo de repetir uma calça aqui e uma saia ali. Ela também não vai mudar de acessórios todo dia, muito menos de bolsa. Ela pode não fazer como eu, que uso minhas bolsas até que elas se desintegrem sozinhas, mas também não vai desfilar novidades toda semana.

Marcos Palmeira

(Andando nas nuvens)

Marcos Palmeira e Bruna Lombardi

(Andando nas nuvens)

O que também distingue este guarda-roupa famoso de um anônimo é a sinuca do tempo. A cada novela, começo a estudar a fundo a tendência da temporada e fazer a mágica de adaptá-la à televisão. Em primeiro lugar, existe o problema da estação do ano em que começa a novela. Se é verão e eu tenho atores de carne e osso para vestir, não dá para colocá-los vestidos como no inverno porque eles vão suar e me xingar muito. Outro problema é que as roupas que estão nas lojas já foram vistas, portanto não são mais inéditas. É aí que começa a maratona de ver mostruários, descobrir quem vai lançar o quê e quando as novidades vão estar disponíveis. Para fugir do perigo do velho – o que na moda é fatal –, tento adivinhar o que vai pegar e o que as pessoas vão curtir na próxima estação. Para isso conto às vezes com a boa vontade de alguns donos de lojas, que abrem suas confecções e me mostram em primeira mão as novidades da próxima coleção. Mas em geral o que uso mesmo é a minha experiência profissional, um pouco de sexto sentido e a ajuda de todos os santos e anjos que conheço.

O PRODUTOR, O FINANCISTA, O RP E O ANTENADO

Eu seria uma inconseqüente, é lógico, se dissesse que faço tudo isso sozinha. É claro que eu conto com aliados e não podia ser diferente. Depois que a novela começa, passo a ler seis capítulos por semana, que nunca saem no mesmo dia. Resumo o que achei importante neles e faço uma listinha para o produtor, que tem uma agenda diária de itens como comprar calções de futebol e trocar um sapato que ficou apertado. São uns heróis, os meus assistentes. Procuro sempre buscar pessoas diferentes a cada trabalho, geralmente vindas do mundo da moda. Elas são geralmente quatro e tem funções bem definidas.

O produtor precisa ter prática de gravação. Ele tem que saber ler o roteiro e identificar se o dia seguinte vai ser complicado ou não. Também é fundamental ter uma boa agenda de endereços de lojas no Rio de Janeiro, em Belo Horizonte e São Paulo, no mínimo. Se puder incluir Nova York também é ótimo.

Roberto Bonfim e Claudio Heinrich
(Uga uga)

Marilia Carneiro

Para equilibrar os perfis também conto com um Ministro das Finanças, uma pessoa com boa cabeça para cumprir o orçamento e administrar diariamente uma infinidade de itens como trocas, devoluções e lavanderia. É a parte mais chatinha do trabalho, que deve ser feita com muita disciplina. Não é nenhuma bobagem administrar a verba de uma novela inteira. Preciso sempre pensar muito em onde vale a pena investir e onde é melhor apertar os cintos. Antes de comprar um top do Versace vou pensar no mínimo 20 vezes, não sem antes ter levado a peça para a atriz experimentar.

O Relações Públicas, como o nome diz, lida diretamente com os atores. É ele quem vai estar a postos no camarim nas trocas de roupa, negociando alternativas quando as produções do dia, por um motivo ou por outro, não agradam ao ator. Isso é bastante comum, mesmo que para cada cena exista sempre mais de uma opção de figurino.

Mas uma equipe não é poderosa de verdade sem o antenado. O antenado é aquele que está ligado nas novas manias da moda e, melhor ainda, consegue criar e antecipar algumas. Este tipo de profissional, que nos Estados Unidos já é requisitado por empresas como Coca-Cola, MTV e Sony, também pode ser chamado de caçador de tendências. Ele vai às ruas caçar novidades e modismos que geralmente começam fora dos circuitos fashion. No Rio de Janeiro, por exemplo, é o caso do Mercado Mundo Mix.

A missão é ficar de olho nos lugares freqüentados por gente interessante e descobrir uma idéia que possa ser trabalhada e depois consumida. A tatuagem feita de henna nasceu assim. Foi também uma das minhas assistentes, a hoje figurinista Karla Monteiro, quem criou a febre dos cordõezinhos de couro usados em pescoços femininos e masculinos, mania que até já teve direito a repeteco recentemente. Ela começou na novela *A viagem*. Eu não estava sabendo o que colocar na Andrea Beltrão, que fazia uma personagem bem jovenzinha. A Karla então resolveu o impasse em dois segundos: tirou o cadarço do sapato dela e amarrou no pescoço da Andrea. Depois a idéia foi se sofisticando e cada designer de jóias fez a sua versão.

É uma delícia quando uma idéia dessas dá certo. Quando o personagem inteiro funciona, então, é o paraíso. Um bom exemplo é a persona-

mais Lombardi.

Mariana Ximenes e Claudio Heinrich

(Uga uga)

gem Bionda, interpretada pela atriz Mariana Ximenes na novela *Uga uga*. A Bionda era uma mocinha sexy, saradinha, que usava todas as irreverências que a moda permitia. Pincei dentro das tendências tudo aquilo que eu acreditava que daria mais certo. As calças de cintura baixíssima, os brilhos durante o dia, as tererês de cabelo e o cintão anos 70 faziam parte do guarda-roupa da Bionda. Não demorou para que tudo isso fosse parar nas ruas. Isso é o que eu chamo de ditar tendências de verdade, o que já aconteceu em várias outras novelas como a já falada *Dancin'Days*. Algumas vezes, a força da novela vai além das tendências de moda e marca toda uma geração com um novo conceito de Brasil. Acredito que em *Gabriela* foi assim.

> *'Dancin'Days é sem dúvida um dos trabalhos mais marcantes da Marilia. Quando a novela já estava para terminar, eu me lembro de ter tomado um cafezinho na Miguel Lemos, em Copacabana, ao lado de uma senhora bem desfrutável praticamente 'fantasiada' de Júlia Matos."*
>
> Gilberto Braga

É claro que, neste quesito ditar tendências, também entra o fator mito. Há atrizes que vendem tudo que vestem. Se um dia a Vera Fischer aparecer de avental de cozinha, aquele vai ser sem dúvida o avental mais vendido do ano. Um dos pedidos que o Atendimento ao Consumidor da emissora mais atendem é dizer de onde são os vestidos usados pela diva. Antonio Fagundes, Malu Mader e Marcos Palmeira são outras personalidades marcantes que exercem um fascínio todo especial sobre o público.

Mais do que inventar, acho que o meu dom mesmo é o de sacar o que é bom. Sou muito mais uma caçadora do que uma criadora. Eu caço tendências e pessoas talentosas. Eu me cerco delas, fico atenta a tudo e as coisas acabam dando certo, na maioria das vezes. Por isso gosto mesmo de dividir tudo com a super equipe, da angústia da criação ao sucesso. Quanto mais amadureço na chefia de um grupo, aliás, mais eu percebo que só tenho a ganhar com essa cumplicidade, mesmo que para isso eu tenha que relevar e consertar alguns furos.

Elizabeth Savalla

(Gabriela)

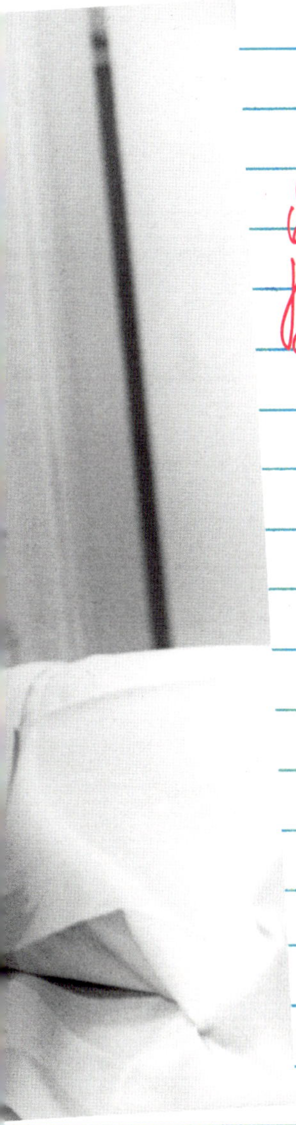

Quando fez este corte,
perdendo a cabeleira
que ia até a cintura,
Elizabeth Savalle caiu
em prantos.
Tinha só dezenove anos
e partia para seu maior
sucesso: Malvine

Este foi o
desenho que
entreguei ao Oldy, o cabeleireiro.

Armando Bogus e Marco Nanini

(Gabriela)

Paulo Gracindo e Castro Gonzaga

(Gabriela)

Marilia Carneiro

Uma produtora que trabalha às vezes comigo encontra caminhos brilhantes para os figurinos, o que aproveito com muita sede. Mas ela é completamente bagunceira e incapaz de cumprir uma promessa de devolução ou de entrega de recibo. Então, em vez de corrigi-la, prefiro colocar atrás dela um menino organizadérrimo para consertar todos os rabos que ela deixa pelo caminho. Pode parecer uma maluquice acobertar os erros dos outros, mas diz a minha intuição que é assim que a coisa anda.

Também não dá para centralizar. Na Globo, se eu não tiver clareza da minha verdadeira missão, posso ser inteiramente absorvida pelas solicitações do cotidiano. É a visita que chega, é o telefone que toca, é o menino da produção dizendo que o diretor quer roupa dupla porque vai ter um tiro na cena, é o roteiro que foi todo mudado em função da dengue. Se eu não tiver a capacidade de *não* tentar resolver todos os problemas, sou uma figurinista morta. Se o salto do sapato quebrou, que alguma alma caridosa conserte, por favor!

E não faltam almas caridosas, graças a Deus. Os camareiros, por exemplo, são pessoas muito especiais, que ficam minhas amigas e me convidam para tomar chope e comemorar aniversários. Quando os atores estão com eles, sei que estão em ótimas mãos. A manicure, as costureiras, os alfaiates, os cabeleireiros e maquiadores também quebram galhos enormes sem perder nunca o rebolado e o bom humor. A família do Projac é numerosa: são oito camareiros, quatro homens e quatro mulheres; uma manicure; um maquiador-chefe e cinco assistentes; um cabeleireiro-chefe e cinco assistentes. Isso tudo sem contar a Oficina de Costura, que tem sete costureiras e nove alfaiates contratados, além de cerca de 20 prestadores de serviço a mais por cada novela.

A HORA MELANCÓLICA

É tanta gente que, no fim da novela, as despedidas são geralmente uma tristeza. É a nossa hora melancólica. É o fim da festa, o desmontar do circo. Acabou o espetáculo que durou um ano e que trouxe amigos insepará-

Sonia Braga (Gabriela)

veis, acabou aquela viagem muito longa. Aí vem o trabalho braçal da desprodução, quando é preciso desmontar aquele guarda-roupa do tamanho do mundo, separar o que vai ser devolvido e o que é do acervo da TV Globo, ver se está tudo em bom estado e passar para o próximo colega. É uma sensação pior do que arrumação de armário, porque você não está se desfazendo de uma coisa de que não gosta e ganhando uma casa arrumada. Você está doando coisas muito sonhadas, o que dá até ciúmes.

Para piorar, as salas dos figurinistas não são fixas, elas são dos produtos que estiverem sendo feitos no momento. Toda a minha sala, então, que considero bem confortável, é desmontada. Daí recolho meu painel de fotografias, meu tapete, meu quadrinho, meu abajur. Sobra aquele caminhão de mudança que precisa ir para um depósito, porque não cabe na minha casa. Coloco uma etiqueta "Coisas particulares da Marilia", morro de saudades, vou à festa de confraternização de toda a equipe e fico esperando pela próxima.

"Gabriela foi um dos trabalhos mais importantes da TV brasileira. Naquela época, Jorge Amado ainda não podia ser visto no horário das 8 da noite. Tivemos, todos nós, que fazer muita pesquisa para dar a cara de Brasil. É quando a gente começa a se olhar e gostar do que vê. A novela fez deslanchar nosso processo de desprendimento de outras culturas. Foi uma declaração de amor a nós mesmos. Passamos a nos vestir e a nos despir como brasileiros. Foi o momento em que tiramos a capa do Humphrey Bogart e mostramos o nosso bronzeado, a nossa sensualidade. Pudemos colocar um vestido de chita na atriz principal, e amar estar fazendo isso!"

Sonia Braga

Dina Sfat e Ney Latorraca
(Rabo de saia)

Marilia Carneiro

4
Segredos de Camarim

Não me acho capaz de ter alguma atitude *zen*. E não é por ser católica e acreditar em São Judas Tadeu e em anjo da guarda, não. É verdade que fiz questão de batizar minhas três filhas na mesma religião, indo contra a vontade dos pais delas. Como a família do Mario Carneiro era positivista, tive que me aliar a um frei do Mosteiro de São Bento, onde o Mario, na época, estava fazendo um documentário. Fizemos um complô e batizamos as duas meninas lá. Com a mais nova foi pior ainda, porque o Roberto Bomfim não tinha a menor convicção se devia batizar a filha ou não. Essa eu peguei no laço, aproveitando a presença do padre da família na fazenda dele. A menina estava suja de terra, sem sapatos e de chupeta. Os tios do Roberto serviram de padrinhos e foi assim mesmo que ela recebeu a sua primeira bênção. Mas, apesar disso tudo, não sou uma católica praticante.

Acho lindo o Candomblé, já fiz milhares de mapas astrais e adoro ler horóscopo quando ele diz coisas boas. Só que tenho zero de simpatia pelas religiões orientais, por exemplo. Adoraria deixar de ser dramática com o futuro e saber viver o aqui e agora, mas acho que cortaria os pulsos lá no silêncio do Tibet. O que me leva a pensar que o que eu tenho mesmo é medo do tédio. De um modo geral: tédio do casamento, do trabalho, da vida.

Ser figurinista resolve tudo isso. É possível sofrer de tudo dentro de um camarim ou em qualquer outro lugar que pertença aos bastidores. Menos de tédio.

O dono do mundo era um cafajeste.

Antonio Fagundes

(O dono do mundo)

Marilia Carneiro

A HORA NERVOSA

A pressa faz parte da rotina alucinante de quem trabalha em televisão. Muitas vezes uma produção tem que ser feita em cinco minutos, com direito à companhia de um mala que senta do meu lado e, relógio nas mãos, cronometra o tempo. Hoje em dia consigo me abstrair da situação e fingir que aquela pessoa não existe, mas se a troca de roupa demora um pouco mais do que o permitido é o fim.

Quando o diretor sai lá do núcleo dele e vai bater na porta do camarim, eu me sinto imediatamente responsável pelo despencar do Ibope e tenho a certeza de que se a TV Globo ficar sem um tostão, a culpa será toda minha. A responsabilidade daquele horário é tanta que a sensação que dá é a de ter afundado aquele navio, de ter acabado com a emissora. E isso pode acontecer várias vezes no correr de um dia de gravação normal.

Se estiverem programadas cerca de 20 cenas, isto significa pelo menos 10 trocas de roupa. Todas feitas sem muita delicadeza e com uma certa gritaria. Os atores, nesta hora, também precisam ter o poder da abstração se quiserem usar a pequena trégua para fumar um cigarro, beber água ou engolir um sanduíche. A Giovanna Antonelli, em *O clone*, costumava saciar dois desejos ao mesmo tempo: com uma mão fumava um cigarro e, com a outra, comia um brigadeiro. Já o Antonio Fagundes não larga os livros nem para vestir uma camisa. Enquanto ele estica um braço, o outro está com o livro aberto. Daí eu pergunto se ele não vai se olhar no espelho e ele diz que não precisa, porque eu já olhei por ele.

> *"Você pode ter até 40 trocas de roupa num dia. Este número multiplicado por sete dias da semana deixa qualquer um louco. No teatro, uma peça pode ter até dez trocas de roupa em cena."*
>
> Antonio Fagundes

Nesta hora complicada e nervosa, tudo pode dar errado. É quando a calça não entra, a blusa pinica e o sapato machuca. Ou quando você acha que vai morrer se não fizer tudo direitinho. Quando escuto os nove entre dez lei-

Giovanna Antonelli e Murilo Benício (O clone)

Fernanda Montenegro
(Brilhante)

gos no assunto que garantem que os profissionais da televisão são todos uns viciados, acho graça. A única droga que vejo rolando, sinceramente, é a da adrenalina. O nosso ambiente está muito mais para um hospício da pressão do trabalho do que para sexo, drogas e rock'n'roll. A maioria dos diretores, por exemplo, muito diferente do que acontecia nos anos 70, não costuma ter tempo nem para um chopinho, tamanha a carga horária de trabalho.

Para sorte e saúde de todo mundo, também é nestas horas que os camareiros e as camareiras entram em ação. Eternos confidentes de muitos atores, também são responsáveis por cada sucesso. Com bom humor e traquejo, eles costumam resolver praticamente tudo.

Todo galã quer estar sempre uma maravilha, por exemplo. Se é baixo quer ficar alto, se é gordo quer ficar magro. O mesmo acontece com as mulheres, é claro. A vaidade, naturalmente, ocupa muito espaço no camarim. Quem é que filtra e cuida de tantas exigências? Os camareiros. Certa vez um deles estava fechando a saia da Fernanda Montenegro quando ela colocou para fora um "Pronto, engordei!". Imediatamente o camareiro respondeu: "Meu dedo é que engrossou!" Ele sabe que uma diva não engorda nunca.

Os camareiros são cúmplices de uma vida inteira. Os mais antigos sabem, por exemplo, que desde 1975 costumo lavar os cabelos no Projac. É com a cabeça descansada na cuba de água bem gelada que consigo recuperar as energias e seguir dando conta de todos os pepinos das gravações. Foi um jeito que encontrei de, literalmente, esfriar a cabeça.

> *"Na televisão é tudo muito rápido. Você diz 'Muito prazer', tira a roupa e deita na cama com a atriz que acabou de conhecer. É assim com todos os setores. Você vai ao estúdio e o cenário da sua casa já está todo pronto, você entra no guarda-roupa e vê aquela arara cheia de roupas já programadas para os próximos 20 capítulos."*
>
> Antonio Fagundes

Também não dispenso, por mais incrível que isso possa parecer, um cochilo de dez minutos depois do almoço. Tiro os sapatos, deito no meu sofá e acordo zerada, como se tivesse tomado um banho. Quando fiz *A vi-*

Claudia Abreu e Antonio Calloni
(A vida como ela é)

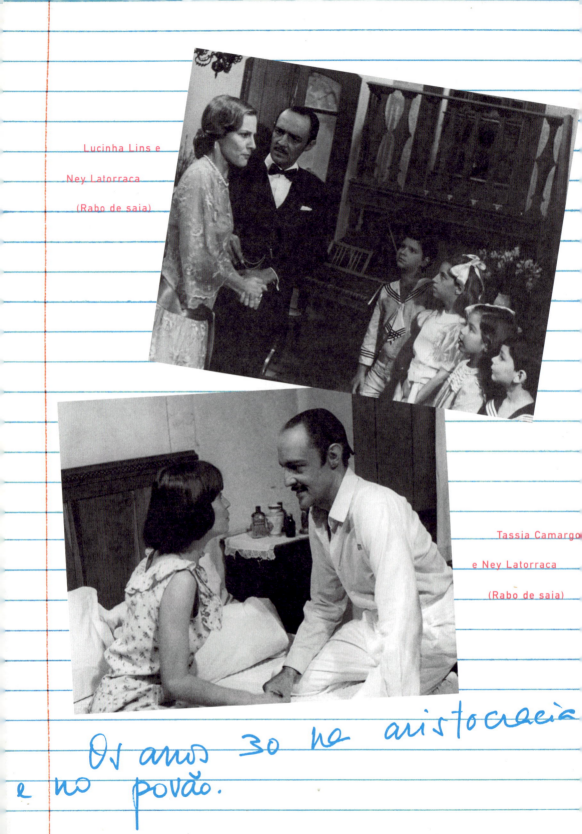

Lucinha Lins e Ney Latorraca (Rabo de saia)

Tassia Camargo e Ney Latorraca (Rabo de saia)

Os anos 30 na aristocracia e no povão.

da como ela é, a verba de produção era tão escassa que as roupas se revezavam entre Claudia Abreu e Malu Mader, que têm mais ou menos o mesmo corpo. Imagine então se eu poderia ter uma sala só para mim. Eu dividia o espaço com o Daniel Filho e, como ele também é adepto da mesma técnica, tirávamos o nosso cochilo juntos, a portas fechadas. Ele lá num cantinho e eu no outro. Deviam achar que a gente estava numa reunião importantíssima.

O MEU NAVIO

Os camareiros são tão importantes para mim que certa vez, de tanto eu falar "meus camareiros" pra lá, "meus camareiros" pra cá, me perguntaram se eu tinha um navio. Hoje talvez eu respondesse que tenho, sim.

Os "meus" camareiros cuidam da continuidade – quando o personagem precisa estar com a mesma roupa da cena anterior –, ficam de olho na lavanderia, passam roupa sempre que necessário, organizam em maletas e sacolas etiquetadas todos os acessórios dos personagens, levantam o astral dos atores e ainda estão sempre em sintonia com a turma do cabelo e da maquiagem. Esta integração é importantíssima para o resultado final de uma produção. Duas cabeças pensam melhor do que uma e, caso a primeira se esqueça de um brinco ou de um sapato, existe sempre a chance de a segunda se lembrar.

"A Marilia tem o mérito de fazer do figurino um setor integrado com outras áreas da produção, o que dá uma unidade importante ao trabalho."

Sonia Braga

Um dos segredos de um camarim sem desastres e saudável, enfim, está nestes seres abençoados. Eles são capazes até de salvar a minha pele dos destemperos do Daniel Filho. Quando coloquei certa vez uma roupa mais cara na Joana Fomm, que fazia o papel de uma psicóloga, o Daniel

Malu Mader e Marcelo Serrado
(Anos rebeldes)

Claudia Abreu
e Marcelo Serrado
(Anos rebeldes)

não se conteve e perguntou, de um grito só, como a personagem teria feito para pagar aquela roupa. Antes que eu pudesse respirar, a camareira que estava do meu lado fez toda a tensão do ar virar pó: "Pagou em quatro *vez*, que nem eu!".

É uma pena que eles não possam evitar, é claro, todas as catástrofes. Ninguém esperava, por exemplo, em plena fase de gravação da minissérie *Anos rebeldes*, há dez anos, que os capacetes dos soldados do Exército não estivessem devidamente pintados na noite anterior à gravação de rua, que implicava licença da prefeitura e aparato policial para desviar o trânsito. Quando a Karla Monteiro, minha assistente na época, foi pegar os capacetes, deu de cara com a aderecista aos prantos, em desespero por não conseguir fazer a base da tinta cáqui. Resultado: eu, a Karla e o Adílio, nosso motorista, passamos a noite inteira pintando capacetes. Para completar, chovia cântaros e não dava mais para sair na rua. Torci para a chuva virar uma enchente e o prefeito decretar estado de calamidade pública, mas não adiantou.

"Na época ainda não existia celular e eu não conseguia falar com a Marilia na Cinédia. Eu estava num ateliê no Estácio (hoje Casa de Cultura Fernando Pinto) e não podia nem avisar que os capacetes não estavam prontos. Então deixei recados com vários amigos dela e comecei a preparar a tinta. Pouco depois a Marilia chegou com o nosso motorista, que acabou entrando na furada. Nossas vistas ficaram vesgas de tantos pintar listras e, quando acabamos, foi o tempo de sair direto para vestir os figurantes."

Karla Monteiro

A pressa, nessas horas, acaba resolvendo tudo, da melhor ou da pior maneira. Ainda em *Anos rebeldes*, tivemos problemas também com os biquínis. Como na época havia só um ou dois brechós no Rio de Janeiro, tivemos que encomendar biquínis de época de uma costureira que garantia ter assistentes da De Millus. É claro que isso não era verdade e é claro que os maiôs ficaram horrorosos. A minha sorte é que a Karla sabia mo-

Malu Mader e Claudia Abreu (Anos rebeldes)

delar e costurar, e refez ela mesma as peças, enquanto a modelista e a costureira, mortas de raiva, ficaram sentadas de castigo.

"De tão mal modelados, os bojos das partes de cima dos biquínis pareciam umas pizzas. Liguei para a Marilia e disse 'Acho que não tem gravação amanhã'. A Marília respondeu numa tacada só: 'Karla, é claro que tem gravação. Se vira'. Aí eu entendi o que era trabalhar em televisão."

Karla Monteiro

Trabalhar em televisão é de vez quando ver cenas como o Daniel Filho dirigindo absolutamente nu. Aconteceu em *A vida como ela é*, quando a Débora Bloch devia ficar nua numa cena. Ela relutou, o Daniel falou que ela sabia que aquilo estava no script, ela relutou de novo e aí ele teve um acesso de fúria. Tirou a roupa inteira e ficou lá mexendo a câmera, dizendo "Se você não quer tirar a roupa, tiro eu!". A Débora levou um susto tão grande que se despiu em cinco segundos. E nós da equipe pra lá de constrangidos, evitando olhar para aquele diretor de bunda de fora.

Assim pode parecer que o pessoal da televisão tem os mais devassos dos hábitos, mas, no fundo, somos apenas irmãos comungando numa obsessão de trabalho. Não, ninguém come ninguém: a libido está na obra. Aí a gente esquece a cerimônia e, quando se dá conta, numa gravação externa feita no meio de uma floresta em Londres, sem a menor infra-estrutura, já está fazendo paredinha no mato para o pipi alheio. Eu já fiz para o Daniel, ele já fez para mim e nós dois já fizemos para a Vera Fischer. Eu dizia para ela: "Vera, logo você, tão glamourosa e deslumbrante, fazendo pipi no mato com a gente, que ótimo!". Depois a gente trabalhava tanto que até esquecia estes episódios de cumplicidade. O que ficava mesmo na cabeça eram os desafios do trabalho, cunhados por frases do Daniel Filho como "Você faz o que quiser, desde que acerte". Eram estas sentenças – quase de morte para mim – que importavam de verdade. Por isso sempre foi tão maravilhoso conseguir vencê-las.

Vestir Malu de pobre foi muito engraçado. Embaixo a Malu que a gente conhece.

Carla Marins e Malu Mader
(O mapa da mina)

Malu Mader e Stênio Garcia
(O dono do mundo)

Marilia Carneiro

"De Dancin'Days *até encontrar Marilia num camarim de uma novela das oito do mesmo Gilberto Braga (O dono do mundo), passaram-se 12 anos. De lá para cá trabalhamos em* Anos rebeldes, O mapa da mina, A vida como ela é, A justiceira, Labirinto *e no cinema, em* Sexo, amor e traição. *Além do talento, ela sempre mostrou grande capacidade de improviso e ousadia, qualidades fundamentais para enfrentar o cotidiano alucinado da produção em TV."*

Malu Mader

O CASO GARIBALDO

Meu único vício na vida é fazer terapia, dependência que cultivo há quase 40 anos. Fico achando que é como ginástica: se parar, cai tudo. Imagino que foi graças a ela que deixei de ser *rangé*. Hoje, graças a Deus, não sou mais comprometida com o *in*. Não freqüento mais os lugares que não quero freqüentar nem penteio o cabelo do jeito que não gosto só porque está na moda, para ficar apenas com dois exemplos de comportamento. Isso me deixa numa situação muito confortável, porque sinto que, mesmo fazendo parte da geração de Woodstock, não tenho nada a esconder. Muito menos os erros e fracassos da profissão. Sim, porque, no mundo dos seres humanos, eles também visitam o camarim.

A eles, então. O mais grave de todos, para mim, tem como vítima a cantora Gal Costa. Eu era figurinista exclusiva dela, a vestia em todos os shows e ela sempre aparecia linda. Até que certa vez aconteceu de uma roupa programada por mim e pelo Daniel Filho e aprovada por ela ficar simplesmente horrorosa no ar, numa destas zebras imprevisíveis da televisão.

Era uma roupa toda de pluma rosa que acabou lembrando o pássaro Garibaldo, da *Vila Sésamo*. A única diferença era que o Garibaldo era amarelo, e não rosa. Como o programa era ao vivo no Teatro Fênix, não tinha para onde fugir. Eu só podia chorar, me mortificar e implorar ao editor para cortar tudo o que ele pudesse. Súplica que ele não podia atender, é ló-

Francisco Cuoco
(Saramandaia)

Francisco Dantas
(Saramandaia)

gico, para não atrapalhar a cena. No dia seguinte as pessoas ligavam para a casa da Gal e perguntavam "Aí é da Vila Sésamo?".

Por um bom tempo me torturei com esta história. A Gal também. Tempos depois, ela convidou ao Marquito e a mim para uma surpresa na casa dela. O paulista Marquito era meu ídolo. Ele fazia vestidos de noite deslumbrantes, todos bordados à mão com paetês mínimos. Na época, mais da metade das cariocas economizava o ano todo e despencava para São Paulo para ter um Marquito. A surpresa da Gal era mostrar para ele a fita do Garibaldo, quer dizer, do show realizado no Fênix. Enquanto eu avermelhava como um pimentão ardido, ele, numa gentileza sem tamanho, dizia que o Garibaldo era lindo.

Uma das causas desta catástrofe foi o Daniel ter se inspirado na Ginger Rogers, que tinha um biotipo longilíneo. Já a Gal é gostosa, super brasileira, não tem a dimensão daquela gringa altíssima. Então, ao invés de as plumas se espalharem, elas se concentraram. Minha filha, na época, perguntou por que eu não cortei tudo com a tesoura. "Porque aí ia ficar um Garibaldo depenado!", respondi.

A falta de comunicação entre o Figurino e a Direção de Arte também costuma render alguns vexames. Quando a novela *O clone* já estava no ar, conheci uma mulher que estampava panos, gostei do trabalho e usei a estampa na roupa de uma das personagens. O que eu não sabia era que outras pessoas também haviam gostado da estampa: a cortina do cenário, por exemplo, estava com o mesmo modelito. Como eu não podia arrancá-las, tive que improvisar em minutos uma outra roupa para a atriz, recém-integrada ao elenco. É bem verdade que a artista das estampas poderia ter avisado sobre as encomendas coincidentes, mas isso é o que eu chamo de erro amador.

Escorregões como estes costumam ser diretamente proporcionais ao humor. Quanto maior o mau humor e a irritação, maiores os deslizes. Já quando a equipe está bem sintonizada, ao contrário, os erros tendem a ser bem pequenos. E neste caso, quando as trapalhadas acontecem, o clima é de total cooperação. Mesmo quando a figurinista perde um pouquinho da sua sanidade.

Carolina Ferraz e Mila Moreira (O mapa da mina)

Fernanda Montenegro (O mapa da mina)

Marilia Carneiro

"Houve uma época em que a Marilia estava ganhando o apelido de Maria da Conceição Tavares. Ela olhava para uma determinada roupa e dizia 'Não gosto!'. Quando a gente perguntava por que ela respondia, atacada: 'Não sei!'. No dia seguinte ligava pedindo desculpas, dizendo que havia baixado nela o personagem intolerante mas que ele já tinha ido embora."

Karla Monteiro

Ator também precisa saber perdoar a figurinista, de vez em quando. Na fase da *TV Pirata*, as trocas de roupa eram neuróticas porque o Guel Arraes é um diretor muito rápido. Era comum eu ficar trabalhando com a equipe até de madrugada. Numa destas viradas de noite, vesti a Claudia Raia como uma aranha. E não era uma mulher-aranha do beijo, não, era uma aranha mesmo. A roupa era de lã e devia ser absolutamente incômoda para ela, que ficou parada e paciente feito uma estátua no camarim, enquanto várias pessoas mexiam na fantasia. Quando finalmente a Claudia foi para o estúdio, o Guel ficou de boca aberta. Não pela eficiência do figurino, infelizmente. Só depois de ver a cara de espanto dele é que consegui ler direito o texto do roteiro, que dizia: "aranha em off".

Tania Alves e Nelson Xavier
(Lampião e Maria Bonita)

5
A minissérie, o seriado e o humor

Já se foi a época em que a minissérie era considerada um prêmio entre os figurinistas. A gente ficava o ano todo torcendo para que caísse uma minissérie nas nossas mãos. Não só porque os temas eram sempre muito interessantes como também porque a censura quase não existia naquelas pequenas obras-primas. Antigamente, enquanto nas novelas ainda era um custo fazer passar uma cena de sexo – bem diferente da overdose de hoje –, as minisséries já eram bem moderninhas. Com a chancela de trabalho intelectualizado, elas podiam tudo. Os figurinistas, então, dispondo do tempo de pesquisa que a novela não proporcionava, podiam tudo e mais um pouco.

Hoje, infelizmente, mesmo sendo obras fechadas com início, meio e fim – o que teoricamente permitiria que o figurinista se organizasse melhor –, as minisséries e os seriados estão contaminados pela pressa da novela. Na verdade, já são mininovelas. Com a diferença de que não dá para correr para o Fashion Mall às nove da noite e comprar uma roupinha de época. O que só aumenta a saudade dos bons tempos de *Lampião e Maria Bonita* e *Tenda dos milagres*, por exemplo, cujas pesquisas para figurino foram uma delícia de experiência. Para completar, eu ainda sou do tempo do diretor Afonso Grisolli, figura premiadíssima que fazia destes trabalhos um verdadeiro paraíso.

Foi em *Tenda dos milagres*, em plena terra de Jorge Amado, que me apaixonei pelo Candomblé. A minissérie foi integralmente passada na Bahia, em duas cidades chamadas Cachoeira e São Félix, perto de onde

Solange Couto (de saia listrada)

e Milton Gonçalves (de chapéu na mão)

(Tenda dos milagres)

Foi difícil iluminar roupas brancas em peles negras. Tive que mergulhar os tecidos brancos no chá para quebrar o contraste.

Marilia Carneiro

Caetano Veloso nasceu. O esquema de trabalho era muito parecido com o do cinema, por causa da viagem e da locação, onde ficamos, no total, por quatro meses. Atualmente a história é outra: a equipe começa fazendo todas as externas na locação e volta correndo para os estúdios, seguindo a partir daí o mesmo sistema de gravações da novela.

Em *Tenda* a rotina era menos corrida, o que permitiu mergulhos maiores. Como minissérie lida geralmente com folclore ou época, os neurônios costumam se exercitar mais do que o normal, tirando a ferrugem do processo criativo. Eles percebem logo que sacola de compras não adianta. Estes são casos que Daslu nenhuma resolve.

E não precisa mesmo resolver, tamanha é a inspiração que o próprio setting traz de bandeja. A arquitetura de Cachoeira, por exemplo, considerada monumento nacional e tombada pelo Iphan, é toda barroca. Seu casario, suas igrejas e seus prédios históricos preservam a imagem do Brasil Império, quando Cachoeira era a vila mais rica, populosa e importante do país. A proclamação de D. Pedro I como regente, fato ocorrido na cidade, até hoje é motivo de orgulho para a população. Também saiu de lá a famosa enfermeira Ana Nery, que, durante a Guerra do Paraguai, alistou-se no Exército brasileiro.

A cidade fica à beira de um rio por onde passam embarcações maravilhosas. Uma das festas mais tradicionais da cidade é a de Nossa Senhora da Boa Morte, realizada sempre em agosto pela irmandade de mesmo nome. Criada por escravas devotas, ela acontece há mais de 200 anos. É quando senhoras negras cultuam a Virgem Maria, comemorando a morte e a assunção em corpo e alma de Nossa Senhora. Nesta ocasião elas usam trajes de gala que ostentam até ouro filigranado e jóias de corais, mas o maior tesouro da irmandade, a mais antiga do Brasil e formada só por mulheres, é colocar lado a lado santo e orixá, mistura mantida com sigilo e tabu no sincretismo afro-brasileiro.

Tudo isso já seria fonte suficiente de inspiração. Mas a história de Jorge Amado ainda fala da miscigenação, da sueca que nunca mais voltou para o país natal e do mulato que gosta da lourinha e vice-versa. Se faltarem idéias de figurino depois disso tudo é porque deve estar na hora de aposentar o manequim.

Regina Duarte e
Dênis Carvalho
(Malu mulher)

Ewerton de Castro
e Regina Duarte
(Malu mulher)

Denis Carvalho:
Aqui no Malu mulher
começou entre Denis e eu
uma fusão afetiva e
profissional que não vai
terminar nunca.

Além disso, *Tenda* foi realmente para mim a oportunidade de despertar para o Candomblé. Até então, criada na Igreja Católica como toda moça de classe média burguesa, eu entendia o Candomblé como coisa da senzala. Quando eu era criança, uma cozinheira que eu amava recebeu um santo e fiquei muito impressionada. Chegaram várias pessoas para acudir. Não sei se neste momento já era a minha imaginação falando, mas também me lembro de ter escutado uma certa cantoria no térreo da casa, que tinha dois andares. Preocupada com o meu susto, a minha avó dizia "Esquece, vamos pensar em outra coisa, isso aí é coisa lá de baixo".

E "coisa lá de baixo" ficou até *Tenda dos milagres*, quando pesquisei tanto em Salvador que acabei amiga de um pai-de-santo até hoje. Em Cachoeira, há mais de 70 terreiros de Candomblé. Nós íamos aos mais fechados possíveis, onde a imprensa nem sonhava em entrar. Vendo aqueles rituais todos, meu queixo caía dez vezes. Descobri, enfim, os santos que me perdoem, que eu estava marcando uma grande touca por não conhecer aquele mundo fascinante. Saber que aquelas entidades são cheias de defeitos dá um conforto enorme para quem foi educado no catolicismo. Foi uma abertura de verdade na minha vida. Além do mais, as cores da Igreja Católica são muito tristes. O Candomblé, coloridíssimo, é bem mais alegre.

Entre uma e outra incursão mística, também aprendi, é claro, lições importantes de figurino. Eu não sabia, por exemplo, que é impossível iluminar uma pele negra vestida com uma roupa branca. Se o foco de luz vai para a roupa, o rosto da pessoa some. Se a iluminação é feita no rosto, o branco da roupa estoura. A solução é tingir o tecido com chá preto para chegar num branco quebrado, que lembra quase o bege.

Todas as roupas da minissérie foram fabricadas, já que o Candomblé que estávamos retratando era de época. Começava no início do século, em 1912, e ia até 1945. Era o meu amigo pai-de-santo quem fazia todas as amarrações das roupas, que são dificílimas. Fazer os orixás também era complicado porque, por mais estranho que isso pareça, se eu seguisse muito a realidade correria o risco de cair no caricato. Por sorte existem os desenhos do Caribé, que são mais secos, sem lantejoulas. Acabou ficando tudo muito bonito, com a ajuda do clima mágico da Bahia.

Tania Alves
(Lampião e Maria Bonita)

Marilia Carneiro

É só ver o pôr-do-sol baiano para entender os alemães, dinamarqueses e gringos em geral que viajam para lá e, muitas das vezes, nunca mais voltam para casa. E na pior das hipóteses, se mesmo num lugar desses a inspiração artesanal emperrar, sempre haverá o Daniel Filho para me dizer que não posso ser só uma sacoleira, ou seja, ficar rodando de butique em butique pensando na novela das oito.

Em *Lampião e Maria Bonita*, por exemplo, foi um assombro ver, em Alagoas, os embornais bordados à mão. Fiquei tão pasma que pegava as peças das vitrines e as desmontava, para ver o avesso. É incrível pensar que existia um talento de figurino de tão alto nível naquele bando. O movimento hippie é muito pouco perto do que aquelas pessoas faziam. Não foi à toa que Zuzu Angel fez uma coleção inteira inspirada no bando de Lampião. Dadá, a costureira do grupo, mandava os escravos carregarem a máquina Singer pelo deserto. Maria Bonita, quando saqueava alguma loja, enfeitada da cabeça aos pés, se preocupava em embolsar todos os anéis que encontrava pelo caminho. E como eles tinham muito tempo livre e também muito lazer, os bordados eram ao mesmo tempo uma ocupação e uma vaidade. No final, criaram um estilo arrebatador.

A chave do figurino de uma minissérie – ou de um seriado, no caso – também pode estar na nossa própria vida. Em *Malu mulher* foi assim. Era fim da década de 70 e a revolução feminista, tema do seriado, estava em pleno curso. Trabalhar fora, ter filhos pequenos para criar e pouca grana era um contexto que a Regina Duarte e eu conhecíamos bem direitinho. Felicidade, nesta época, era estar em casa e saber que os filhos dormiam com saúde. Foi um prazer enorme trabalhar com ela em *Malu mulher*.

Mesmo confinadas na Usina da Herbert Richers, nos sentíamos tomando conta da Floresta da Tijuca. No Bar das Pombas, um pé-sujo da área, o diretor Grisolli mantinha uma garrafa de uísque cativa, como se estivesse em Londres. Era onde a família do seriado se reunia. Em pouco tempo a Regina se transformou numa companheira de vida. Quando a conheci, levei um choque com o despojamento da sua cara lavada, cor-de-rosa e levemente sardenta. O segundo choque veio com a sua fotogenia. Regina ficava simplesmente deslumbrante em cena, com os cabelos presos com uma caneta

Tania Alves e Nelson Xavier
(Lampião e Maria Bonita)

Regina Duarte (Malu mulher)

bic, sem sapatos, Marlboro na mão, copo curto de uísque com bastante gelo do lado e, charme dos charmes, uma máquina de escrever na sua frente. Depois das cenas de sexo, eu colocava nela a camisa do marido, truque sexy que até hoje alguns diretores pedem. O relógio de pulso deixado na cabeceira da cama, durante a transa, também era um detalhe bem sensual.

"Em Malu mulher, *Marilia fez uma dobradinha espetacular com a diretora de arte, Cristina Médici, no sentido de criarem para o seriado um charme de contemporaneidade muito especial. O trabalho foi fonte de grande inspiração para mim. O visual (cabelo e maquiagem), trajes e acessórios propostos por ela para Malu me orientaram na busca de um estilo de interpretação com firmeza, convicção e grande liberdade. O relógio masculino grande e antigo que a Marilia inventou para o meu personagem tornou-se para mim um objeto-ícone da nova mulher que surgia no final dos anos 70."*

Regina Duarte

A FRANJA DA MALU

A adolescência, para mim, é a melhor fase do mundo. É onde eu gostaria de estar até hoje. Eu sei que para a maioria das pessoas esta é uma hora triste mas, no meu caso, ela teve o efeito de um deslumbre. Uma amiga minha chegou a brigar comigo, dizendo que eu tinha ficado besta. Não era bestice, era encantamento! Era descobrir que a gente podia se vestir, sair e namorar. Podia a cada dia descobrir uma novidade. Na sexta era a música, no sábado acampar, no domingo ouvir um violão, conhecer um bar novo, fumar um cigarro.

Foi a este encantamento que procurei dar corpo em *Anos rebeldes.* Uma das blusas da Heloisa, personagem burguesa da Claudia Abreu, aliás, saiu do meu armário. E a franja da Maria Lucia, personagem de Malu Mader, também brotou do meu arquivo pessoal porque, na minha época, era um desafio encontrar uma criatura feminina que não usasse franja.

Claudia Abreu e Betty Lago
(Anos rebeldes)

Gianfrancesco Guarnieri, Claudia Abreu

e Henrique Diaz (Anos rebeldes)

Malu Mader e Claudia Abreu

(Anos rebeldes)

Heloisa, na clandestinidade, teve que abrir mão de seus cabelos louros, à la Catherine Deneuve.

Marilia Carneiro

"Nos primeiros capítulos, a personagem de Malu Mader tinha menos de 18 anos e usava uniforme do Colégio Pedro II. Eu odiei a franja porque escondia aquelas sobrancelhas lindas da Malu. Entre o realismo e a beleza, eu geralmente escolho a beleza. Mas a franja acabou ficando porque, para a Marilia, era uma marcação de tempo importante."

Gilberto Braga

Em *Anos rebeldes*, o vírus da pressa já havia contaminado as minisséries brasileiras. E como naquela época, infelizmente, eu ainda achava que deveria fazer tudo com as minhas próprias mãos – em *Gabriela*, por exemplo, parte da maquiagem foi feita por mim –, acabei pagando o preço da onipotência. Por causa da bendita franja.

Com um esquema de gravação já bem mais dinâmico, a minissérie exigia mais de uma frente de trabalho. Então, enquanto eu cuidava de uma, descuidava da outra. E para o meu martírio este esquema acabou me custando uma franja torta na Malu. Como o aplique foi encaixado do lado avesso pela cabeleireira, acabou ficando mais para cacique Juruna do que para Nara Leão. Quando ela finalmente acertou, a versão errada já tinha ido ao ar há muito tempo. Esta é uma cicatriz da correria que me incomoda até hoje. Nunca imaginei que eu poderia ter tanto remorso por uma franja, mas tenho.

Outro contratempo grave aconteceu com a festa de 15 anos da personagem da Malu. Ia ser no Copacabana Palace e a trilha sonora era exatamente igual à da minha própria festa de 15 anos. Motivo suficiente para que eu só pensasse naquilo e estivesse numa emoção enorme para vestir os meninos, por exemplo, como se vestiam os meninos que eu paquerava naquela idade. Então sonhei que a Lucia estava com um tomara-que-caia azul turquesa, uma franjinha e um coque banana. Sonhei, tá sonhado. A Malu queria tirar a franja e o Gilberto chegou a ligar para a minha casa e fazer este pedido. Eu retruquei que não pelo amor de Deus, afinal de contas eu tinha sonhado. Como o Gilberto é muito educado e tem dificuldade de dizer não, funcionou.

Antonio Fagundes

Stênio Garcia e Grande Otelo

(Carga pesada)

Todos mais magrinhos na primeira versão de Carga Pesada.

Marilia Carneiro

No entanto, quando chegaram as roupas, no dia da gravação, cabiam duas Malus no vestido azul turquesa. Ela vestia manequim 38, o vestido era 44. Se eu pudesse sentar no chão e chorar, eu choraria. Adiar a gravação era impossível porque o circo todo já estava armado no Copacabana Palace. Eu olhei para a Karla Monteiro, minha assistente na época, ela olhou para mim e nós duas olhamos para um vestido de figuração branco 38, pendurado timidamente num cantinho sem importância do camarim. Mandamos o sonho para as cucuias e enfiamos este vestido mesmo na Malu. Graças a São Judas Tadeu, ficou a coisa mais linda do mundo. E a franja, para o meu consolo, acabou ficando.

O FIGURINO DE ÉPOCA

É preciso ter jogo de cintura para lidar com espartilhos e afins. Quando o trabalho entra no setor de emergência, o risco de errar é maior do que no figurino atual. Isso sem contar problemas como os desmaios das atrizes, que são muito comuns. Vestido de época geralmente é assim: quanto menos a pobre da atriz conseguir respirar, mais bonita e autêntica ela vai parecer. Além disso, quando é preciso alugar roupas fora do Brasil, algumas peças não podem ser lavadas sob pena de simplesmente virarem pó. Estas costumam ter, portanto, um cheirinho nada agradável. Algo parecido com o acúmulo de dezenas de anos de suor. Nestas horas, confesso, fico muito feliz de não ser atriz.

"Uma das personagens do filme Villa-Lobos *usava um vestido verde lindo, super romântico, vindo diretamente de Londres especialmente para o filme. O que o público não soube é que ele tinha um cheiro insuportável. Chegamos a passar bactericida no tecido, mas não adiantou. Até alergia na pele a coitada da atriz teve, por causa da roupa"*

Karla Monteiro

Camila Morgado, Bete Mendes, Nívea Maria, Daniela Escobar, Eliane Giardini,
Samara Felippo e Mariana Ximenes (A casa das sete mulheres

Angelo Antonio, José de Abreu, Werner Schünemann
Murilo Rosa e Marcos Barreto (A casa das sete mulheres)

Meu encontro com o Jayme Monjardim.

Marilia Carneiro

É por essas e outras que, quando recebo o convite para fazer uma minissérie de época, a minha primeira vontade secreta é de sair correndo. Fazer errado não é a maior preocupação, porque o figurino de época, munido de boa pesquisa, não tem lá muito mistério. O medo é, sobretudo, de não conseguir aliar a correria à qualidade. Mas quando consigo vencer o bloqueio inicial e me imbuir do tema, a coisa muda de figura. Daí eu quero saber que recursos de maquiagem existiam naquela época, como eram arrumados os cabelos e como as mulheres conseguiam aquelas sithuetas. Então já estou feliz da vida de estar trabalhando com roupas antiqüíssimas.

Muitas vezes, quando há uma certa liberdade na adaptação, a criação do figurino de época é ainda mais prazerosa. Em *A casa das sete mulheres*, a meta era ambiciosa: mergulhada no período de 1835 a 1845, a minissérie me trazia a encomenda de manter a forma das roupas mas mexer nas cores e sobretudo nos decotes, que deviam ser mais fundos do que os usados de fato na época. Os decotes das mulheres, aliás, acabaram ficando tão ousados que arrumaram uma certa encrenca com a crítica, incomodada com tal incoerência. É que os decotes usados por elas, realmente, não condiziam com a história. Tamanho recurso de sedução era até permitido nos bailes daquele período, mas nunca dentro de casa. As mães jamais deixariam.

Como sensualidade, para mim, não tem nada a ver com decotes, acabei contornando a situação colocando, por baixo deles, camisetas de renda delicadas. Pessoalmente, acho um decote menos explícito bem mais sexy.

Também tomei muito cuidado com os cabelos, que precisavam ser longuíssimos. Um bom aplique, neste caso, é simplesmente fundamental. No caso das sobrancelhas, que na época eram usadas ao natural, o segredo era cortar alguns fios de cabelo da própria atriz em minúsculos pedaços e grudar na pele, contornando a sobrancelha verdadeira. Na Anita de Giovanna Antonelli, por exemplo, este recurso trouxe um ótimo resultado. No mais, bebi da fonte das *Brumas de Avalon* e vi muito Renoir, o que me inspirava muito. Na luz filtrada do Impressionismo, aquelas cenas de mulheres sentadas no jardim costurando ficam lindas de morrer. Na gravação das externas, quando as meninas corriam em campos de margaridas, no Sul, a sensação que eu tinha era a de estar vendo um quadro. Não foi à toa

Giovanna Antonelli e Thiago Lacerda (A casa das sete mulheres)

Maitê Proença (A vida como ela é)

Marilia Carneiro

que o diretor Jayme Monjardim fez questão de ir aos Pampas, um lugar que, como a Bahia, também tem alguma coisa de mágico.

Saindo do século XIX e partindo para roupas nem tão antigas assim, dá até para improvisar e trabalhar com orçamentos apertados. Em *A vida como ela é*, minissérie ambientada no fim dos anos 50 e no imaginário de Nelson Rodrigues, o investimento foi todo concentrado na película, que era de cinema. Para a cenografia e para o figurino não sobrou quase nada. Os cenógrafos se concentraram então na boca de cena, onde ficavam móveis de época importantes. Ao fundo, o mobiliário era o mais simples possível.

Da minha parte, este recurso zero acabou resultando no figurino mais revolucionário da minha vida. Como as meninas do elenco — Malu Mader, Giulia Gam, Isabela Garcia, Cláudia Abreu — tinham mais ou menos o mesmo manequim, eu me dei ao luxo de trabalhar com um mínimo de peças como uma blusa branca, uma saia azul marinho, uma calça preta. Este guarda-roupas modestíssimo era revezado por todas elas, que deviam se sentir como irmãs adolescentes. Daquelas que emprestam as suas roupas, é claro. As peças mais caprichadas eram reservadas para cenas especiais. Numa destas, o Daniel me pediu uma saia que fizesse um barulhinho sensual na hora de cruzar as pernas. "Uma saia que faça tchi, tchi", disse o diretor enigmático. Era uma saia de tafetá, fui descobrir depois de queimar metade dos meus neurônios. Outra gincana foi fazer um vestido de cinema para a Malu Mader, um que ela pudesse soltar uma alcinha qualquer e fazer ele cair de uma vez só no chão, sem escalas na cintura. A cena ficou sensualíssima.

Para complicar um pouco mais a situação, todas as cenas de *A vida como ela é* foram filmadas por eixo, o que é uma coisa do capeta. Significa filmar de forma independente do roteiro, ou seja, fazer de uma só tacada todas as cenas de um determinado ângulo. De todos os episódios. Em *A vida como ela é*, cada atriz filmava cenas diferentes para cada episódio, cujo denominador comum era unicamente o tal do eixo. Para isso é preciso trocar numa rapidez de bala as roupas e os cabelos dos episódios 1, 2, 3, 4, 5... Depois muda-se o eixo e a atriz e começa-se tudo de novo. E corre-se, literalmente, de um lado para o outro. Foi o cooper que mais beneficiou a minha saúde, até hoje.

Maitê Proença e Claudia Abreu
(A vida como ela é)

Marcos Palmeira
(A vida como ela é

Com as roupas dos homens a parcimônia foi a mesma. Em vez de fazer 20 ternos, fiz um de cada cor. Um terno cinza, um azul marinho e um marrom passeavam do Guilherme Fontes para o Marcos Palmeira, do Marcos Palmeira para o Zé Mayer. Assim dava para guardar os cartuchos para eventos como a cena em que a Malu Mader usa um vestido de tango estonteante. Aí sim era a hora de comprar o melhor pano e pagar a melhor costureira. O resto era só deixar nas mãos do iluminador Edgar Moura, que fez um trabalho lindíssimo.

É evidente que, mesmo nos seriados e minisséries, os meus xo-dós, nem tudo são flores. Justamente por trazerem temas específicos, às vezes o assunto simplesmente não agrada. Lidar com o câncer e ter que fazer uma careca para Arlete Salles em *Mulher*, por exemplo, é o tipo de missão que eu adoraria evitar. Não era uma careca raspada, era uma ca-reca de quem está perdendo cabelo aos tufos, o que exigiu inclusive uma ajuda especial de um maquiador de São Paulo. É verdade que na hora da produção eu não estava interessada em saber se aquilo era uma doença ou não, eu só queria saber quantos montinhos de pêlo eu deveria grudar. Mas depois, quando vi a personagem em cena tendo uma convulsão por causa do câncer no cérebro, fui tomada por uma vontade enorme de ir para casa e não voltar mais. Eu não tenho estrutura para participar deste lado da vi-da. Não tenho coragem nem de assistir a *Plantão médico*, se vocês querem saber. A pergunta que me faço nestas horas é que diabos estou fazendo neste trabalho. Eu sei que *Mulher* foi um trabalho didático interessantíssi-mo, que ensinou às mulheres que elas podem pegar Aids se transarem sem camisinha e que muitas vezes os próprios maridos podem transmitir a doença e tudo, mas este foi um programa que ganhou a minha implicân-cia desde o começo. Quando todos aqueles assuntos ginecológicos vinham à baila, então, eu ficava doente. Eu dizia para o Daniel: "Não acredito que você vai falar sobre isso!"

"A Marilia odiou o seriado Mulher. *Eu me lembro exatamente das primeiras frases dela. Ela disse 'Daniel, estou contigo para o que você quiser mas não vejo graça nenhuma nisso, que mau*

Tonico Pereira e Patrícia Pillar

(Mulher)

gosto! Que roupas horrorosas nós vamos fazer? Aquelas roupi-
nhas de médico, jalequinhos?' Isso me influenciou muito por-
que eu percebi que precisava suavizar o clima, usar uma cor ro-
sa para facilitar a entrada da história na alma do público alvo,
que era o feminino."

Daniel Filho

Fazer *Mulher* foi realmente um sacrifício para mim. Eu queria mais era Gilberto Braga. Um dos episódios eu fiz com tanto realismo que decidi não assistir depois. Era um estupro sofrido por uma plantonista, interpretada pela Adriana Esteves. Debaixo de chuva, ela sai da clínica à noite para pegar o carro e, quando gira a chave na ignição, o motor não pega. É uma daquelas situações de pesadelo que a gente não gosta nem de falar: quando ela olha para o lado vê um homem encostado no vidro da janela. O tarado entra no carro e estraçalha a menina. Não mata, mas espanca e estupra. Como se não bastasse, ela engravida. Daí o plot é em cima da decisão médica de fazer ou não o aborto, que era o desejo da vítima. No fim, a médica vivida pela Patricia Pillar não quer saber se é proibido ou não e faz o aborto na raça, transtornada de pena pela colega.

Se o destino apronta uma dessas na vida real, Deus nos livre, temos que ir adiante. Mas lidar com este tipo de história por vontade própria, para mim, é uma loucura total. É horroroso demais ter que fazer, por exemplo, calcinha dupla: uma para rasgar e outra para sujar de sangue. Não é à toa que uma amiga minha, que faz o figurino do programa *Linha direta*, não consegue dormir à noite. Eu também não conseguiria, se tivesse que vestir tanta gente assassinada.

NOS TEMPOS DA TV PIRATA

Bom mesmo, delícia maior da vida, é fazer humor. Se é para fazer rir consigo até mesmo caracterizar um aidético, tarefa que já fiz a frio. Pode parecer uma ironia fugir dos doentes de *Mulher* e fazer graça em cima de ou-

Claudia Lira, Cassio Gabus Mendes e Nicete Bruno (Mulher)

Ana Paula Arósio, Patrícia Pillar e Eva Wilma (Mulher)

Cinema americano na T.V

Marília Carneiro

tra doença séria, mas é que o texto da turma do Casseta & Planeta, por exemplo, rompe qualquer barreira. O humor deles, por si só, suplanta qualquer crise de consciência. Eles podem me pedir para fazer um aidético de pele esverdeada e olhos fundos que ninguém vai se sentir derrubado com isso. A diferença entre gozação e humor, aliás, está na fronteira da inteligência. Passado este pedágio dá para fazer gordas, velhos, negros e outros discriminados da vida sem necessariamente detoná-los, como diria a Regina Casé, que sempre se preocupou com esta questão. Eu não me incomodo com o humor politicamente incorreto, mas o fato é que existem sim muitas saídas para o vício do pejorativo. E fazer um aidético de mentirinha é bem mais leve do que fazer um de verdade, é claro.

Durante o ano em que trabalhei na *TV Pirata*, pude ressuscitar as caricaturas que fazia ainda criança, nas intermináveis viagens de navio da minha família. Fazíamos cruzeiros de até 20 dias, tão longos que passávamos do verão para o inverno até chegar ao Hemisfério Norte. Sem nada para fazer com aquele horizonte marítimo monótono, comecei a desenhar todas as pessoas que passavam pelo convés. Registrava detalhes como o cabelo, os sapatos e as cigarretes, no caso das mulheres. Eu não sabia, mas estava fazendo as caricaturas que até hoje me ajudam a compor os personagens que visto. Assim como Fellini desenhava os filmes dele, eu também desenho cabelo e maquiagem dos personagens que caem nas minhas mãos. Longe de mim me comparar a Fellini, diga-se de passagem, mas o fato é que temos, assim espero, um pontinho em comum.

Na *TV Pirata* pude fazer caricaturas vivas e arriscar loucuras como citar Lacroix, numa época em que o estilista estourava no mundo das dondocas. Os babados de flores rosas eram tantos que elas pareciam bolos de casamento de salto alto. Num dos episódios, a Débora Bloch é uma super dondoca que sofre um acidente. Mesmo engessada da cabeça aos pés, ela usa um cabelo de laquê pesadíssimo e um enorme colar de pérolas por cima do gesso. Estes detalhes surreais me divertiam loucamente, embora dessem uma trabalheira inacreditável. Eu realmente não entendia como alguém na vida real podia usar Lacroix, então aproveitei a questão e dei um toque pessoal no humor daquela época.

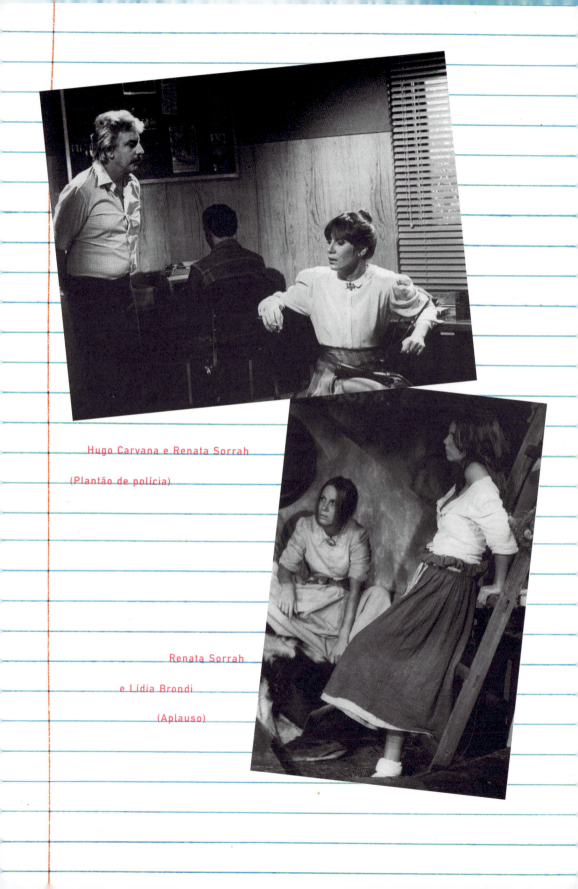

Hugo Carvana e Renata Sorrah
(Plantão de polícia)

Renata Sorrah
e Lídia Brondi
(Aplauso)

Marilia Carneiro

Em outro programa, a Louise Cardoso chega cheia de sacolas na portaria de um prédio e aperta a campainha. Um morador do andar de cima pergunta "Abriu?" e ela responde que não. "Abriu?", ele pergunta de novo. Ela responde "Não!". E ficam nisso até que finalmente a porta abre e saem pessoas que estavam dentro do prédio desde a idade da pedra. Todos esmagam a coitada da mulher porque há milênios esperavam alguém abrir aquela santa porta. Este esquete também foi bom de caracterizar porque havia desde velhinhos de cabelos brancos até homens com a barba no pé. A vantagem de fazer figurino nestas horas, além da própria diversão, é que eventuais escorregões da caracterização ficam por conta das benditas caricaturas.

A irreverência é outro bom álibi. Quando a Tonia Carrero ainda anunciava o Leite de Aveia Davene, eu vestia e caracterizava o Diogo Vilela de Tonia para ele então anunciar: "Leite de Aveia da Velha!". Ao mesmo tempo em que eu gargalhava, pensava como eu podia estar fazendo isso com a minha amiga Tonia, que acho linda. Daí eu vestia o meu disfarce pessoal de humorista e pronto, tudo era permitido.

Era esta soltura que fazia as idéias brotarem. Só assim para fazer uma gorda, por exemplo, com um macacão de espuma que já vem com bunda grande, peitão e braços gordos. É como um segundo corpo de espuma, com direito a fecho éclair. Vesti-lo deve ser o equivalente a fazer uma sauna. Quando me lembro disso, morro de pena da Claudia Raia, que além de gordas também fazia o Tonhão, uma prisioneira sapatão que coçava o saco o tempo todo. Desglamourizar a Claudia naquela época, no auge do sex appeal e do sucesso como dançarina e show woman, nem precisaria dizer, também era hilário.

Em alguns momentos, o trabalho em *TV Pirata* também lembrava o de um detetive. Como a Regina Casé imitava a apresentadora de telejornal Leila Cordeiro, que mudava de cabelo toda semana, a gente praticamente perseguia a criatura pelas ruas. Mesmo assim, quando ficava pronta a peruca encomendada, ela já tinha mudado o penteado da franja ou o tipo de escova. Esta e outras paranóias criativas, misturadas ao convívio de muitas risadas, acabaram fazendo com que a Regina Casé se tornasse uma gran-

Ney Latorraca
(TV Pirata)

de amiga. Era de chorar de rir vê-la pronta para encarnar a Dona Solange, diretora de prisão, uma portuguesa de bigode e seios enormes. Aconteciam na casa dela as reuniões semanais de toda a equipe, num clima divertidíssimo. Eu me sentia na hora do recreio, embora estivesse trabalhando. Atualmente, se a *TV Pirata* renascesse, acredito que o esquema de gravações acelerado não permitiria tais encontros, o que seria uma pena.

"Na TV Pirata a gente fazia uma família de negros que era engraçadíssima. Depois de uma destas gravações, que acabou muito tarde, fui para casa com toda aquela tinta ainda no corpo, que era difícil de tirar. Meu marido acordou quando eu cheguei e, quando me viu preta daquele jeito, quase morreu de susto."

Regina Casé

Os encontros serviam para sofisticar o humor, de certa forma. Fazer um negro, por exemplo, não era fazer um negro qualquer. Era um negro americano, de uma determinada classe social, com diversas especificidades.

"Na TV Pirata, *a Marilia era como uma de nós. Foi ela quem deu a idéia, por exemplo, da gordinha na academia de ginástica. As intervenções dela faziam parte do texto e das interpretações. E como eu mesma já havia feito figurino no Asdrúbal* (o grupo Asdrúbal Trouxe o Trombone), *a gente se entendeu muito bem porque falava a mesma língua."*

Regina Casé

Regina Casé, Diogo Vilela, Claudia Raia, Louise Cardoso, Marco Nanini, Luiz Fernando Guimarães, Guilherme Karam, Débora Bloch, Ney Latorraca, Pedro Paulo Rangel. Na *TV Pirata* o humor tinha ótimo boletim. Imagine um camarim com todas estas pessoas juntas. Acho que qualquer um fica engraçado só pelo convívio. Eu, pelo menos, espero ter pegado alguma graça por simbiose.

Débora Bloch e Cristina Pereira
(TV Pirata)

Ney Latorraca

(TV Pirata)

Cristina Pereira

(TV Pirata)

Todo meu know how de Teatro pude mostrar em T.V. Pirata. Trabalho sério e exaustivo.

Marilia Carneiro

"O Seu Barbosa (personagem de Fogo no rabo, sátira da novela Roda de fogo) foi uma criação em conjunto dos autores, atores e da Marilia. Eu sugeri a braguilha aberta e a Marilia arrematou com suspensório, sapato preto com meia branca – essa meia branca é fatal – e a calça mais curta, detalhe típico de personagens cômicos como Fernandel, Mazzaroppi, Vicente Celestino, Oscarito, Cantinflas. Também gostava muito de fazer o Homem-Peixe, o detetive Pestana e a velhinha do Psicose. Era tudo simplesmente genial. O toque especial da Marilia era fazer o fake com humor e sem perder de todo a realidade."

Ney Latorraca

Claudio Marzo e Marilia Carneiro
(Xangô de Baker Street)

Marilia Carneiro

6

Cinema e teatro também têm figurino

Assim como vários diretores acreditam que os bons atores vêm do teatro, eu também acho que figurinista bom mesmo é aquele que cresceu nas coxias, quebrando a cabeça com as peculiaridades de um palco. O figurino de teatro impõe uma série de preocupações que simplesmente não existem na televisão. Enquanto a telinha, na maioria das vezes, dá um recado rápido e descartável, o teatro pede mais intuição, olho apurado e um certo toque de magia explícita. Para não falar da responsabilidade com a cena aberta. Depois que a cortina se abre, a simples idéia de que um botão pode cair de uma camisa já dá calafrio.

Na proporção do palco está a primeira lição sobre texturas. Na televisão eu posso usar uma camisa Hering sem medo, principalmente se estou lidando com um roteiro realista. O risco da imagem chapada, como se diz no meio televisivo, aquela que tem seu volume distorcido, praticamente inexiste. Já no teatro, os vários planos de luz podem deturpar, deformar ou enriquecer uma determinada roupa. Além disso, é preciso que ela cause o mesmo efeito na primeira fila, na segunda e lá na última. Como já disse uma vez o ator Ary Fontoura, a diferença entre cinema e teatro é que no cinema a gente fala para a primeira fila e, no teatro, para a última. Daí a urgência em lidar maravilhosamente bem com a textura.

Um tecido fino com bordados lindíssimos pode simplesmente desaparecer no palco, enquanto uma estampa pode achatar ou engordar uma atriz. Na época em que eu fazia o figurino da Gal Costa, criei uma roupa de

Cacao tinha que ser baronesa.

Claudia Abreu

(Xangô de Baker Street)

Marilia Carneiro

baile para um show que ela iria fazer no estádio do Pacaembu, em São Paulo. No ensaio geral, o que vi da última fila foi uma roupinha de roça, tão sem graça que dava tristeza. Apavorada, perguntei ao Guilherme Araújo, então empresário dela, o que eu poderia fazer. Ele sugeriu que eu usasse um tailleur que havia sido feito para as entrevistas da Gal. Achei que ele estava louco ou simplesmente querendo me derrubar. Onde já se viu usar um tailleur de linho branco em pleno show no Pacaembu? Mas como eu não tinha mesmo outra carta na manga, tasquei o tailleur na Gal, arrematei com uma orquídea verdadeira no cabelo, sapatos pretos com bolinhas brancas e rezei. Não é que ficou lindo de morrer? Até então eu nunca tinha visto a Gal tão bonita, tão bem vestida, tão bacana. Foi uma reviravolta em toda a situação, porque aquele show acabou se tornando um dos meus maiores sucessos pessoais.

Estas são lições do teatro que só se aprendem com a prática e muita observação. Os veludos, por exemplo, são tecidos excelentes para o palco. Nas roupas que faz para óperas americanas, o diretor Franco Zeffirelli recobre os veludos com filó, criando um efeito de volume dobrado com a incidência da luz. O tecido, que já é trabalhado, ganha ainda um segundo trabalho por cima, que pode ser um bordado com brilhos ou um drapeado. É este falseamento absoluto do material que dá a magia da terceira dimensão e da profundidade de um figurino.

Depois que segredinhos como esse são descobertos, o dia-a-dia do figurino de televisão nunca mais será o mesmo. O olhar do figurinista, depois de passar pelo teatro, fica muito mais exigente. No meu caso não podia mesmo ser diferente, levando-se em conta que quem me levou para o teatro pela primeira vez foi o cenógrafo Marcos Flaksman, quando ele mesmo já guardava no currículo nada menos que um prêmio Molière de figurino. Ele já sabia há tempos, portanto, que o figurino de teatro, para os atores, é um elemento comportamental absolutamente indispensável. Não é por acaso que atores como Marco Nanini e Ney Latorraca, por exemplo, gostam de usar já nos primeiros ensaios os sapatos de seus personagens. Como diz o meu amigo Flaksman, "no teatro o figurino tem funções metafóricas levadas ao extremo". Certos símbolos, então, são mais do que nunca fundamentais para o reconhecimento dos personagens.

Marcos, companheiro de 20 anos de estrada.

Marilia Carneiro com Marcos Flaksman

Atrás: Karla Monteiro, Marie Salles e Fernando de Jesus

(Bastidores de Xangô de Baker Street)

Marília Carneiro

O convite de Marcos veio em 1980 para fazer *Rasga coração*, peça de Oduvaldo Vianna Filho. Era uma peça complicada porque trabalhava com dois planos, o do real e o do passado. Enquanto o personagem principal relembrava o passado, seu filho tinha visões alucinatórias, numa espécie de viagem psicodélica.

"No teatro há uma liberdade poética de criação. O que vai para o palco torna-se um pouco sagrado. Inclusive o figurino."

Marcos Flaksman

A partir de então, nunca mais me curei da paixão pelo figurino de teatro. Por ele já levei várias vezes uma vida bandida, aquela em que você troca o dia pela noite, se transforma num vampiro pálido e cheio de olheiras mas, quando acorda ao meio-dia depois de um ensaio que varou a madrugada, se sente a mais interessante das criaturas – não sem um discreto desprezo pelos simples mortais prestes a almoçar. É uma sensação tão boa e tão viciosa que, hoje em dia, até evito dar o primeiro gole. É raro eu aceitar fazer uma peça de teatro.

Foi no teatro que pela primeira vez coloquei as minhas caricaturas para fora, extravasando o meu lado de figurinista delirante. Em 1981, com a comédia *Doce deleite*, pude fazer loucuras como uma noiva caricata cujo vestido tinha metros e mais metros de cauda. Era gozadíssimo ver a Marília Pêra já no palco e o vestido que não parava de entrar de tão comprido. No Marco Nanini, que também integrava o elenco e fazia, entre outros personagens, uma velhinha cheia de varizes, pude colocar meias compridas que deixavam à mostra, em alto relevo, veias enormes e saltadas. Foram estas varizes, aliás, que me renderam o convite do Paulo Ubiratan para fazer *TV Pirata*. Foi uma oportunidade única de mostrar o meu lado louco que as pessoas conheciam muito pouco, já que eu era aquela moça que lançava moda na televisão. Já em *Doce deleite*, eu era uma mocinha bem irreverente.

"Eu fiz uma cantora de ópera gorda e o figurino foi um dos mais criativos que já vi. Usei enchimento até nos braços e nas mãos. Na pontinha dos dedos, o pano que revestia a espuma era pintado pa-

Maria de Medeiros

(Xangô de Baker Street)

Nunca vi nada mais bonito.

Rogéria

(O homem que comprou o mundo)

meu primeiro trabalho foi com a Rogéria.

Marília Carneiro

ra imitar unhas vermelhas. Foi a primeira vez que fiquei gordona. Dos seis personagens que fiz na peça esse foi o que mais me marcou, além da Brigite, que usava um vestidinho branco de bolinhas vermelhas, bem catita."

Marília Pêra

"Doce deleite, com seus esquetes cômicos de teatro de revista, foi uma ótima surpresa. Nunca usei tanto peito e bunda postiça na minha vida. Numa das minhas personagens, uma suburbana que usava óculos de coração, o enchimento ficava no maiô. Também fiz um revolucionário cubano e um ator canastrão, entre outros tipos, todos muito bem caracterizados comicamente."

Marco Nanini

Outro lado bom de *Doce deleite* foi ter trabalhado pela primeira vez com a Marília Pêra, que além de atriz também era produtora da peça. Fiquei tão impressionada com o seu profissionalismo que, quando ia à praia antes dos ensaios, a consciência pesava e eu disfarçava o bronzeado com pó de arroz. Hoje, é claro, acho essa uma maluquice maior do que uma meia de varizes. A Marília Pêra idem.

Aconteceu também na companhia de Marília Pêra o meu segundo batizado: o do cinema. Em 1967 fiz pela primeira vez figurino para um filme, dirigido por Eduardo Coutinho. Era *O homem que comprou o mundo*. Criei vários vestidos esvoaçantes para a personagem da Marília. A nossa ansiedade em relação ao resultado final era tanta que, como os diretores não deixavam os atores verem o copião do filme, eu contava para ela tudo o que já tinha visto. Nesta época nem telefone eu tinha ainda: ligava de um posto de gasolina.

Se a TV reduz, o cinema amplia. E muito. Por isso o figurino cinematográfico é o mais difícil de todos. Ele admite muito pouco o exagero: se uma bainha estiver torta, na tela ela vai estar tortíssima. Se um chapéu parece discreto nas mãos, na projeção ele pode virar puro excesso. Se a novela *O clone* fosse um filme, por exemplo, seria algo como *Casamento à indiana*, da diretora indiana Mira Nair. Certamente não foi por implicância

Um teste para a paciência do Claudio: era preciso mais de 6 horas para transformá-lo em Pedro II

Claudio Marzo

(Xangô de Baker Street)

que, quando quis colocar um xale na personagem da Andrea Beltrão em *A partilha*, o Daniel Filho vetou logo de cara. Só consegui garantir para o xale, que era lindo, a presença no cartaz do filme.

Conta também neste zelo a imortalidade do cinema, maior do que a da TV. O filme perdura mais do que uma peça de teatro ou um seriado, que ficam na mão de arquivos de jornais e revistas. Por isso não dá para errar. Se na TV não é raro, em apenas um dia, serem gravadas 50 cenas, um longa-metragem pode ter, ao todo, o mesmo número de cenas. E se determinadas cenas românticas ou de suspense podem ficar na nossa memória por anos e anos a fio, certas mancadas de figurino também podem. No meu primeiro filme, briguei com a produtora por um tecido verde escuro caríssimo. Na tela, o verde lindo virou um pretume. Foi uma frustração terrível. A luz do cinema é bem mais difícil de trabalhar do que a de Deus.

No cinema, a iluminação e o jogo de cores são temas sagrados. Costumo dizer, nos meus cursos, que não é má idéia estudar teoria da cor antes de entrar neste ramo. Faz parte do bê-á-bá, por exemplo, saber que cores fortes como vermelho, amarelo e azul podem estourar. É preciso baixar os matizes para que elas se entendam bem na tela. Cores com muita luz são um perigo total, porque saem do controle e borram a imagem. Para conseguir o efeito do vermelho, a saída é usar o vinho. Nunca o vermelho com pigmento tomate e laranja, que é um desastre. Com ele o resultado pode ficar parecido com um jornal mal impresso.

Conversar bastante com o diretor de arte, sempre que possível, também é um bom conselho. Que eu mesma deveria ter seguido mais à risca em *Xangô de Baker Street*, por sinal. Assim como em *Villa-Lobos* e *A partilha*, o filme contou com a direção de arte de Marcos Flaksman, com quem eu já trabalhava por telepatia depois de tantos projetos que fizemos juntos. Até que a telepatia deu mau contato e, numa das cenas de *Xangô*, a cor de uma parede era idêntica à cor do vestido da atriz. Para não parecer que cenário e personagem eram uma coisa só, tivemos que colocar uma planta encostada na parede e um xale colorido na atriz. O resultado ficou até melhor do que o planejado. Não sei se foi pura sorte ou a telepatia que engatou de novo, mas é sempre bom não arriscar.

Chuva no set.

Claudia Abreu e Marilia Carneiro

(Set de filmagem de Xangô de Baker Street)

Marilia Carneiro

O cinema não perdoa. Seu público fica na postura mais favorável para a concentração sobre a imagem. O escurinho do cinema leva o expectador a uma viagem maior, ampliando a imagem em todos os sentidos.

"Em cinema e teatro, uma das coisas que me balizam quanto à classe social, status e modo de pensar de um personagem é o figurino. No cinema, é ele quem diz isso primeiro. Muitas vezes antes do gesto, antes da palavra e antes do cenário. Se o figurino não for bom, o resto não se sustenta."

Marcos Flaksman

Em *Xangô*, a importância da caracterização era tanta que tínhamos a sensação de que um simples errinho poderia derrubar todo o filme. Como a história é uma comédia irreal, com tom policial e personagens reais e fictícios, o trabalho visual precisava ser muito consistente. E as nossas obrigações não eram brincadeira. Primeiro era preciso recriar o clima de Corte européia, diferente do clima de Corte colonial, o que havia sido feito até então na maioria dos filmes nacionais. Era uma coisa totalmente diferente da parede branca caiada com janelas azuis. Em vez disso, queríamos o neoclássico francês.

O outro grande desafio era entrar de cabeça no Segundo Império, ou seja, nas paredes com tecidos adamascados, nas roupas pretas, nas gravatas, nos peitilhos, nos chapéus. Àquela altura, dizer que teríamos que ir a Londres alugar figurino poderia soar como uma insanidade incurável, mas toda a equipe sabia que esta era a única saída para vestir 400 pessoas com tanto primor. E, de fato, tenho certeza de que o filme não teria feito tanto sucesso não fosse uma providencial escala na Angel's, em Londres. Foi lá, num galpão gigantesco de cinco andares discriminados por épocas, que a Karla Monteiro fechou negócio, quebrando a cabeça com esquisitices como a definição "morango amassado" usada para identificar o rosa escuro. Ao todo foram alugadas 870 roupas completas e 30 perucas, trazidas para o Rio de Janeiro em 50 grandes caixas.

É uma dádiva encontrar, numa loja só, especializada em cinema e teatro, colarinhos super engomados e simplesmente todos os tecidos do

Letícia Spiller e Antonio Fagundes

(Villa-Lobos, uma vida de paixão)

Marcos Palmeira

(Villa-Lobos, uma vida de paixão)

século XIX. Basta dizer que o figurino de *Titanic*, por exemplo, foi todo pinçado de lá. Para um figurinista de época, aquele lugar é um templo. Aliás, ser figurinista de época em Londres deve ser bem mais fácil, sem dúvida.

Por aqui, a gente ainda faz coisas como tingir roupas na casa dos outros. Durante todo o tempo em que foi produzido e filmado *Villa-Lobos, uma vida de paixão*, o cineasta Zelito Viana e sua mulher, Vera, tiveram que abdicar dos mergulhos na piscina da sua própria casa. Foi lá que eu e a Karla Monteiro envelhecemos as roupas do filme, triplicando a quantidade de cloro da água. Sinuca eles também não puderam jogar mais, porque a mesa foi transformada numa mesa de costura usada todos os dias por costureiras e alfaiates. Já a sauna virou uma exposição permanente de sapatos.

Com um tempo generoso de preparação, pudemos fazer todas as roupas exatamente como eram na época do filme, a virada do século XIX para o XX. Fizemos tudo com algodão, da forma mais verdadeira possível. Todas as roupas das pessoas pobres do filme foram confeccionadas, com direito a bainhas feitas à mão. Parecia cinema feito em casa, literalmente. Só as roupas caras é que, mais uma vez, foram alugadas no exterior, na poderosa Warner Brothers de Hollywood. O esmero com o figurino era tanto que uma das minhas assistentes, vendo que as cenas estavam atrasadas, não hesitou em trancar 30 figurantes num banheiro. Sujar as roupas, nem pensar.

"No figurino de época, principalmente, Deus e o diabo moram nos detalhes. Você não pode usar uma linha sintética, por exemplo, e depois decidir envelhecer o tecido. A linha sintética não tinge e isso pode virar um problema enorme."

Karla Monteiro

No fim do dia, na casa do Zelito e da Vera, também era uma delícia ficar embaixo da mangueira batendo papo até tarde. Talvez tenha sido o maior prazer da vida. Coisas de cinema. O esquema de trabalho em *A partilha* também foi parecido. A equipe toda discutiu personagem por per-

momento Priscila, rainha do deserto.

Claudia Neto (For All)

Figurantes do filme

For All

Foi divertido remontar a foto histórica.

Marilia Carneiro

sonagem na casa do Daniel Filho, porque para ele sair de casa só com um guindaste. Discutimos um personagem por dia, de pés descalços, sem preocupação com o relógio. Este setting, para quem trabalha com televisão, acreditem, é um oásis.

"O grande barato de fazer cinema é a criação em conjunto, que é uma coisa maravilhosa. Sentar com a Marilia e com o Marcos Flaksman e conversar com o elenco de produção é muito divertido. É nesta hora que suas células e seus hormônios começam a trabalhar de novo e você entra no processo de criação. Depois vem a realização, a pintura deste quadro, que é o melhor momento de todos. A Marilia é uma pessoa fundamental nesta hora, porque ela dá opinião sobre tudo e eu confio muito no gosto dela. Não só na escolha da roupa mas também na do personagem, na iluminação, no cenário. Ela é uma referência minha muito forte."

Daniel Filho

Pra começar, quem trabalha com cinema gosta de cinema. E não há nada de melhor na vida, para os cinéfilos, do que falar de cinema. Comentar filmes, cenas, roteiros e afins é um prazer gastronômico, daquele que não deixa ninguém levantar da mesa por horas e horas a fio. A conversa vai fluindo, envolvendo todo o ambiente e não há uma só testemunha deste momento mágico que veja o tempo passar. Nesta reciclagem mental o que se vê é o mundo por um ângulo um pouco diferente, aquele que simplesmente não exige uma explicação para tudo.

No *set*, então, quando o figurino já foi aprovado e não há mais o que errar (pelo menos não teoricamente), o trabalho é pura alegria. É esquecer a confusão dos bastidores e se emocionar com a interpretação dos atores, é comemorar quando uma determinada caracterização ajuda personagem e diretor, juntos na mesma busca de convencimento. Recentemente, trabalhando com o diretor Jorge Fernando na filmagem de *Sexo, amor e traição*, percebi também que quanto mais gentil a direção, mais o meu trabalho rende. Seria um crime, afinal, fazer qualquer coisa de

nosso Sherlock adaptado aos trópicos, de linho branco

Marco Nanini e Joaquim de Almeida

(Xangô de Baker Street)

errado com um diretor carinhoso. Eu não sou do tipo que trabalha sob pressão, eu sou do tipo que trabalha por amor.

Em *A partilha*, caracterizar a personagem da Glória Pires, uma tijucana casada com um militar, por exemplo, foi uma grande paixão. Tomei muito cuidado para passar por cima do preconceito e fazer aquela moça com carinho. Ela podia ser certinha demais, careta demais, fiel demais e do tipo que passa o dedo na mesa para ver se tem poeira, mas também era generosa a ponto de dar apoio à filha drogada, menor de idade, quando descobre que ela está grávida. Então se a bolsa dela não combinasse com o sapato ela nem saía de casa, mas a personagem não precisava ser um baluarte da breguice por causa disso. A jóia era sempre discreta, o cabelo sempre preso, o casaquinho sempre a postos porque à noite pode esfriar. Mas ela era, apesar de tudo, uma pessoa bacana.

Deixei de lado a possibilidade, por exemplo, de colocá-la de bobs no cabelo. E acho que foi justamente essa mão leve que acabou valorizando, pela tangente, a única cena em que ela se permite ser ousada, quando aceita o convite de um pintor para ver alguns quadros na casa dele. A paquera existia, mas o convite era ingênuo. Não foi o que ela entendeu: no meio da tarde, ela aparece na casa dele com um vestido vermelho, rabo de cavalo feito com gel e, é claro, batom combinando com o vestido. Uma produção digna de um jantar à luz de velas, um coquetel ou um casamento, em plena luz do dia. Acho que nesta hora pude ajudar tanto a Glória Pires como o ator Marcelo Anthony, que interpretava o pintor. Aquela produção toda, afinal, a deixava ainda mais deslocada na situação de perceber que, na verdade, ele não tinha arquitetado uma transa às três da tarde.

Outros personagens de *A partilha*, como a hippie de Andrea Beltrão, foram fáceis de fazer. Para compor a Andrea só precisei pensar nas minhas amigas setentosas, para as quais o sonho ainda não acabou. Elas moram sempre no Jardim Botânico, têm uma bicicleta na sala e seguem ou uma seita ou um tipo qualquer de alimentação natural. Então usei muito linho amassado com renda do Nordeste, muitas bijuterias artesanais e alguns detalhes étnicos. No fim, ela ficou com um cheirinho de in-

E de repente Natal
Teve seu momento "noir"
em For All

Flávia Bonato e Alexandre Barros

(For All)

Até a feira se descompõe com o calor de mais de 40° no set.

(Bastidores de Xangô de Baker Street)

censo. Fazer figurino é como fazer bolo. Não adianta ter só a receita, é preciso ter mão. E, principalmente, gostar de cozinhar.

Todo este processo de criação é feito, muitas e muitas das vezes, em mesas de bar. É quando a gente bebe, fala bobagem e relembra milhares e milhares de filmes. Nestas horas nem me lembro que, como comparou Julinho Rego lá nas primeiras páginas, sou uma Edith Head sem Oscar. Não me lembro nem mesmo que meu crédito, em algumas fichas técnicas, simplesmente não aparece. Esqueço de verdade que, na cabeça da maioria dos espectadores, as roupas devem aparecer sozinhas no *set*, como num passe de mágica. Deixo Hollywood de lado, suspiro pelo Almodóvar e o que lembro é que preciso ver logo aquele filme que estreou semana passada. Se Deus quiser, vou ser daquelas velhinhas que vão ao cinema todos os dias de suas vidas. De preferência, podendo ficar na fila. *Adoro* fila de cinema.

Marília Carneiro (1970)
Foto: Norma Pereira Rego

7
Arremate

Sou Câncer com ascendente em Libra e tenho uma lua em Capricórnio, o que me dá um pouquinho de juízo porque Capricórnio é muito cerebral. Ainda não tenho e-mail em casa mas sei que as mensagens ficam numa caixa postal que é como uma secretária eletrônica, com quem já sou mais ou menos metódica. Raramente deixo de responder a um telefonema. Tenho a nítida impressão de que a minha vida cresceu mais do que a minha infra-estrutura e que sou a pessoa mais maternal do mundo com as pessoas e as coisas. Gosto de roupas duráveis porque assim posso me apegar a elas. Se roupa não fosse tão caro no Brasil, teria sempre vários terninhos Armani me esperando no armário.

Adoro andar de avião. Sou uma viajante compulsiva, talvez por ter começado aos 9 anos de idade, o que é grave na vida de uma pessoa. De lá para cá, não passei um só ano sem viajar e me arrependo muito de não ter ido à Índia quando as coisas estavam mais calmas por lá. Uma gula enorme por tudo que ainda não fiz. O Colégio Sion me ensinou a obedecer a qualquer ordem mas acho que toda vida eterna é dentro da gente e não lá no céu. Espero não morrer antes de ter alta na análise porque acredito que a cura existe. Ela é viver o aqui e agora e ser menos dramática com a vida. Religião para mim é família, o que dá uma nostalgia crônica aos domingos. Mas como não quero casar de novo, lembro do meu ditado favorito: *You can't have the cake and eat it.* Não dá para ter tudo ao mesmo tempo. Neste exato momento, com *Celebridade*, estou reatando minha

Marilia Carneiro (1969)

Foto: Arquivo de família

Marilia Carneiro

parceria com Gilberto Braga e Denis Carvalho (a última foi em *Anos rebeldes*) e sinto o mesmo frio na barriga que senti em *Dancin'Days*, em 1978. Por que tem que ser sempre assim?

Acho que a Gávea é um lugar mágico onde não existe assalto nem perigo de nada. Quando eu era criança tinha paixão por azul, mas agora que já não sou pequena acho que há sempre uma gama linda e outra nem tanto em todas as cores. Homem irresistível é generoso, inteligente e tem senso de humor. Tenho horror a gente que julga demais e morro de saudades do estado de espírito da infância. Medo tenho da perda e do tédio de Madame Bovary. Detesto tragédia. Adoro filme chato e tempo ruim. Pensamento mágico: aquele que eu tinha, menina ainda, quando achava que alguma coisa de ruim poderia me acontecer. Eu pensava que no dia seguinte seria uma grande bailarina, uma aeromoça ou alguém de sucesso. Isso funcionava como uma válvula de escape e eu ia dormir. Eu nunca quis ser anônima.

Marilia Carneiro (2002)
Foto: Wanderlley Nunes

Marilia Carneiro

Obra Completa
(ou quase)

30 ANOS DE TV GLOBO

PRINCIPAIS NOVELAS *Os ossos do barão, O espigão, O rebu, Gabriela, Saramandaia, Dancin'Days, Brilhante, O dono do mundo, Andando nas nuvens, O mapa da mina, Uga uga, O clone.*

MINISSÉRIES *Rabo de saia, Anos rebeldes, Tenda dos milagres, Lampião e Maria Bonita, Labirinto, A casa das sete mulheres.*

SERIADOS *Malu mulher, Carga pesada, Aplauso, Plantão de polícia, Ciranda cirandinha, A justiceira, TV Pirata, A vida como ela é, Mulher.*

CINEMA

1968 *Capitu*. Direção de Paulo César Saraceni, com Raul Cortez e Othon Bastos. Participação como atriz.

1969 *O homem que comprou o mundo*. Direção de Eduardo Coutinho.

1975 *Gordos e magros*. Direção de Mario Carneiro.

1977 *A dama do lotação*. Direção de Neville de Almeida, com Sonia Braga.

1987 *A grande arte*. Direção de Walter Salles.

1986 *Luar sobre Parador*. Direção de Paul Mazursky.

Gal Costa

Marilia Carneiro
(Capitu)

Folheto de divulgação da peça A serpente

Marília Carneiro

1997 *Villa-Lobos, uma vida de paixão.* Direção de Zelito Viana.
1998 *Xangô de Baker Street.* Direção de Miguel Faria.
2001 *A partilha.* Direção de Daniel Filho.
2003 *Harmada.* Direção de Maurice Capovilla.
2003 *Sexo, amor e traição.* Direção de Jorge Fernando.

TEATRO

Peças *A serpente, Rasga coração, Doce deleite, M. Butterfly.*

SHOWS

Grandes nomes, com Gal Costa. *Emoções,* de Roberto Carlos, e apresentações de Tom Jobim nos anos 80.

Agradeço a Gogoia, Helena Bricio, Mara Santos, Reinaldo Elias e outros ex-assistentes que hoje brilham em carreira solo.

Este livro foi impresso em novembro de 2003,
pela Pancrom Indústria Gráfica sobre papel Alta Alvura Acalino 150g/m^2.
Composto em DIN Mittelschrift, corpo 10/16.

C289m

Carneiro, Marilia, 1939 –
        Marília Carneiro no camarim das oito
        / Marília Carneiro e Carla Mühlhaus. — Rio de Janeiro : Aeroplano :
Senac-Rio, 2003
        192p. : 17 x 23,5 cm

ISBN 85-86579-50-5

        1. Carneiro, Marilia, 1939- . 2. Estilistas (Moda) — Brasil —
        Biografia. 3. Televisão — Brasil. 4. Moda — Estilo.
        I. Mühlhaus, Carla, 1975- . I. Título.

        03-2042

                                                    CDD 791.43026
                                                    CDU 791.43.024.2

                                                        004399